Frag mich!

**Wörterbuch für Grundschulkinder
mit Bildwortschatz Englisch**

Beate Eckert-Kalthoff
Karl-Heinz Klaas

Ernst Klett Verlag
Stuttgart · Leipzig

Klasse 1/2

Klasse 3/4

Fundus

Klasse 1/2

 **A a**

 **B b**

 **C c**

 **D d**

 **E e**

 **F f**

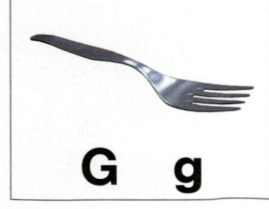 **G g**

 **H h**

 **I i**

 **J j**

 **K k**

 **L l**

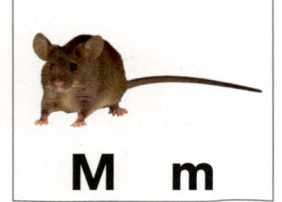 **M m**

 **N n**

 **O o**

P p	Qu qu	R r
S s	T t	U u
V v	W w	X x
Y y	Z z	

1. Kennt ihr alle Tiere und Gegenstände?
Erklärt sie euch gegenseitig oder fragt nach.

2. Findet ihr zu jedem Buchstaben noch ein
weiteres Wort?

A wie ...

A wie Anfang und wie die Ampel an der Kreuzung,

B wie Bärchen – die süßen, aus Gummi,

C wie die roten Cent-Stücke,

D wie du,

E wie Erbsen (mag ich nicht!),

F wie Fruchtsalat (mag ich!) und Frösche (mag ich auch!),

G wie Gans und ganz,

H wie heute,

I wie igitt oder wie Imker,

J wie das Jahr,

K wie Käsekuchen und

L wie lustig,

M wie Mops und wie Modenschau,

N wie neulich,

O wie Ordnung (muss ich machen, sagt Mama) und wie *oho*:

P wie Po!

Qu wie Qualle (ist gleich I wie igitt),

R wie Richard (so heißt Opa),

S wie sanft und

T wie toben,

U wie Urmel (lese ich gerade),

V wie Vase (bloß nicht umwerfen!),

W wie Waldmeister (hmm!),

X wie X-Beine und

Y wie Ypsilon und dann:

Z wie zuletzt.

Heike Günther

1. Sprecht über das Gedicht.
Kennt ihr alle Wörter?
Erklärt sie euch gegenseitig oder fragt nach.

2. Wie ist das Gedicht gemacht?

3. Kannst du auch so ein Gedicht schreiben?

So benutzt du das Wörterbuch

Mit dem Wörterbuch arbeiten – für Klasse 1

Im ersten Teil des Wörterbuches findest du viele Wörter, die dir in der 1. Klasse beim richtigen Schreiben helfen.

Auf den Seiten 18 bis 37 findest du immer eine Doppelseite zu einem Thema, z.B. zum Thema Schule oder zum Thema Spielplatz:
– auf der rechten Seite stehen Wörter unter einem passenden Foto oder in kleinen Kästchen,
– auf der linken Seite kannst du viele dieser Wörter als Fotos in einem Bild wiederentdecken.

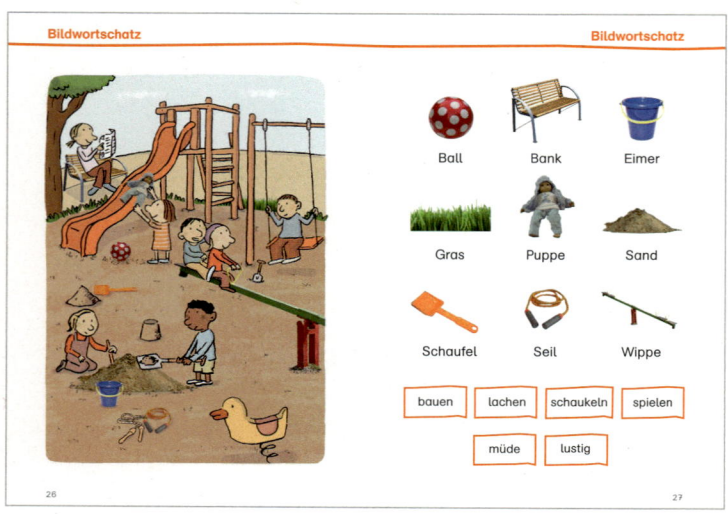

Mit dem Wörterbuch arbeiten – für Klasse 2

Für das richtige Schreiben in der 2. Klasse findest du in diesem Wörterbuch eine Wörterliste.

Auf den Seiten 38 bis 103 sind alle Wörter nach dem Alphabet geordnet:
- links siehst du immer die Grundform oder die Einzahl,
- rechts sind viele Wörter in veränderter Form abgedruckt: die Verben in einer Personalform (er/sie …) und die Nomen in der Mehrzahl (die …); manche Adjektive findest du in einer Steigerungsform.

Damit du schnell die Wortart bestimmen kannst, hat jedes Wort eine bestimmte Farbe:
Nomen, Verben, Adjektive, andere Wortarten.

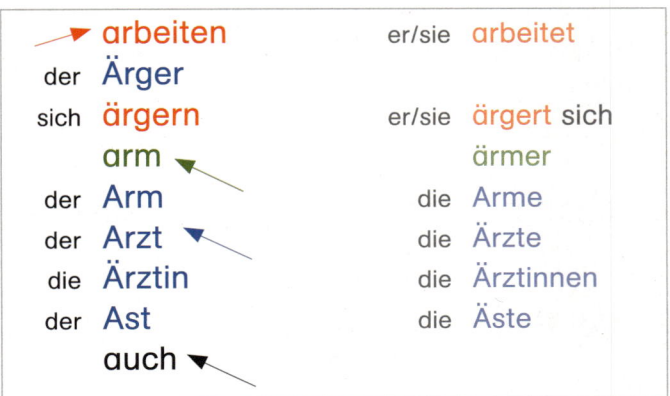

	arbeiten	er/sie	arbeitet
der	Ärger		
sich	ärgern	er/sie	ärgert sich
	arm		ärmer
der	Arm	die	Arme
der	Arzt	die	Ärzte
die	Ärztin	die	Ärztinnen
der	Ast	die	Äste
	auch		

Das Abc kennen

ABCDE
wenn ich in die Schule geh,
FGHIJ
lern ich gern und flott,
KLMNO
bin ich ganz schön froh:
PQRST
Ich kann das Abc.
UVWXYZ
Das find ich richtig nett!

1. Sprecht das Gedicht zu zweit: Einer sagt nur
die Buchstaben, der andere liest den Text.

2. Schreibe das Abc auswendig auf.

3. Welcher Buchstabe steht im Alphabet davor?
Schreibe so: CD, IJ, …
    *D   *J   *U   *B   *L   *X

4. Welcher Buchstabe steht im Alphabet dahinter?
    A*   F*   J*   R*   Y*   K*

5. Ordne die drei Buchstabengruppen.
    Q R T S   K N M L   B A D C

Wörter mit unterschiedlichen Anfangsbuchstaben ordnen

1. Finde den richtigen Anfangsbuchstaben und ordne die Wörter nach dem Abc.
   Schreibe so: Apfel, Bleistift, ...
   *eft, *inosaurier, *adiergummi, *uppe, *pfel, *leistift, *ußball

2. Kennt ihr auch Namen mit dem Anfangs-buchstaben, der im Alphabet jeweils davor und danach kommt (Rolf, Sibylle, Tim)?
   Sibylle, Frederik, Orhan, Judith, Pedro, Natascha, Betül, Gabriela, Lars

3. Ordne die Wörter nach dem Abc: Bett, ...
   Stuhl, Ofen, Ei, Tor, Bett, Zahn

Wörter mit gleichen Anfangsbuchstaben ordnen

 Beginnen zwei Nachschlagewörter mit demselben Anfangsbuchstaben, musst du auf
den zweiten Buchstaben achten:
die **O**ma - der **O**nkel.

1. Schreibe die Listen ab und unterstreiche jeweils
den ersten und den zweiten Buchstaben.

Baum	sagen	faul
bellen	Skelett	finden
Bild	spielen	fleißig
Boden	stark	freundlich
Buch	Suppe	Fußball

2. Ordne nach dem gleichen Anfangsbuchstaben.
neu, Meter, malen, nicht, mit, Nudel, mutig,
Nadel, Mond, Not

3. Finde nun für die Wörter aus Aufgabe 2
die richtige Reihenfolge nach dem Alphabet.
Schreibe so: malen, Meter, …

4. Finde die richtige Reihenfolge für diese Tiere.
Schreibe so: Aal, …
Affe, Adler, Ameise, Antilope, Aal, Alpaka

Wörter nachschlagen und richtig aufschreiben

Ein Wort nachschlagen:

Ball fängt mit B an.
B beginnt auf Seite 40.

der Ball

Ein Wort richtig aufschreiben:
1. Schritt: lesen
2. Schritt: merken (das Wort langsam flüstern, dann Augen schließen und das Wort still vorsagen)
3. Schritt: aufschreiben
4. Schritt: kontrollieren (jeden Buchstaben vergleichen, *bei einem Fehler:* Wort durchstreichen und richtig notieren)

Nachschlagen nach dem ersten Buchstaben

1. Notiere das jeweils letzte Wort in der Wörterliste für Klasse 2 zu diesen Anfangsbuchstaben. Schreibe so: Cowboy, ...

C V G W A H

2. Auf welchen Seiten beginnen die Wörter mit diesen Anfangsbuchstaben?

T H K B R M

3. Auf welcher Seite stehen diese Wörter? Schreibe auch jeweils das Wort davor und danach auf: Unsinn, unten, unter, S. 94; ...

unten, Schal, niesen, Turm, Geige, Apfel

4. Findet gemeinsam Lieblingswörter zu diesen Buchstaben in der Wörterliste.

D G U T J

5. Schreibe das nachfolgende Wort auf. Notiere auch, auf welcher Seite du es gefunden hast.

Arzt, Spaß, Lupe, Zitrone

6. Wie heißt das Gegenteil? Notiere das Wort und die Seite, auf der du es gefunden hast. Schreibe so: kalt – warm, S. 97; ...

kalt, arm, hässlich, klein

Nachschlagen nach dem zweiten Buchstaben

1. Wie heißen jeweils das erste und das letzte
Wort in der Wörterliste mit Sch/sch , Sp/sp
und St/st ? Schreibe so: schade + schwören, …

2. Auf welchen Seiten in der Wörterliste findest du
Wörter mit diesen Anfangsbuchstaben?
Schreibe so: Wörter mit In: S. 59; …
In Or Va be kl

3. Finde alle Wörter in der Wörterliste, die mit
diesen Buchstabenpaaren beginnen.
Zo fo um gl

4. Welches Wort steht in der Wörterliste
dazwischen? Schreibe es auf.
Eule ▌ Europa, zanken ▌ zaubern, Bild ▌ Birne

5. Wie heißen die beiden nachfolgenden Wörter?
lassen, wegen, billig, mögen, heute

6. Bringe die Wörter in die richtige Reihenfolge:
Schreibe so: Schlüssel, S. 83; …

Bildwortschatz

In der Schule

Buch

Kreide

Lehrerin

Schwamm

Stift

Stuhl

Tafel

Tisch

Uhr

lesen

rechnen

schreiben

laut

leise

Meine Familie

Baby

Bruder

Familie

Kind

Mutter

Oma

Opa

Schwester

Vater

backen

sitzen

vorlesen

alt

jung

lieb

In der Stadt

Ampel

Auto

Bus

Haus

Kino

Kirche

Park

Post

Straße

fahren

gehen

hupen

parken

gelb

grün

rot

Auf dem Bauernhof

Biene

Ente

Huhn

Hund

Katze

Kuh

Maus

Pferd

Schwein

bellen

fressen

jagen

summen

groß

klein

25

Auf dem Spielplatz

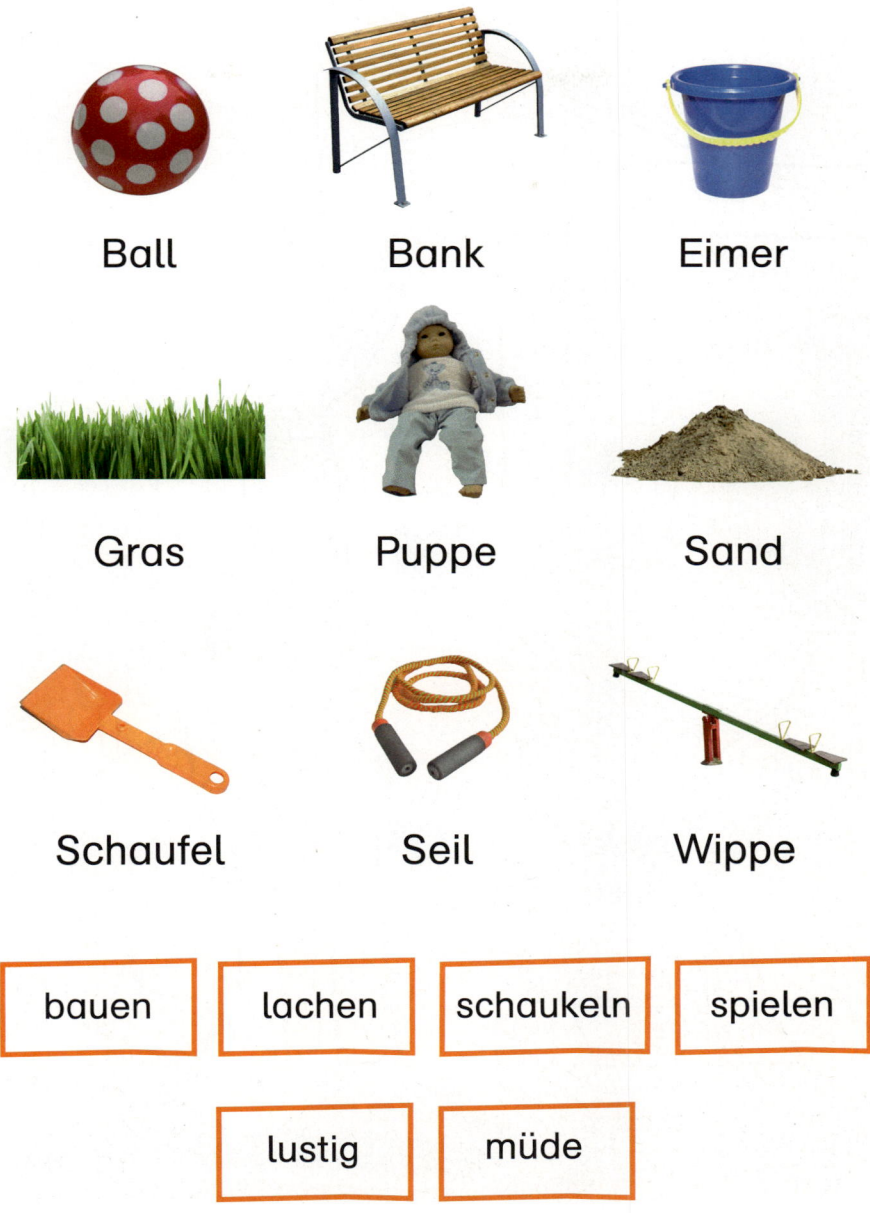

Ball	Bank	Eimer
Gras	Puppe	Sand
Schaufel	Seil	Wippe

bauen lachen schaukeln spielen

lustig müde

Im Geschäft

Anorak   Hemd   Hose

Jacke   Kleid   Mantel

Pulli   Schal   Socken

anziehen   kaufen   suchen

neu   schön

Beim Frühstück

Brot

Gabel

Käse

Löffel

Messer

Nudeln

Tasse

Teller

Wurst

essen

kochen

trinken

salzig

sauer

süß

31

Im Krankenhaus

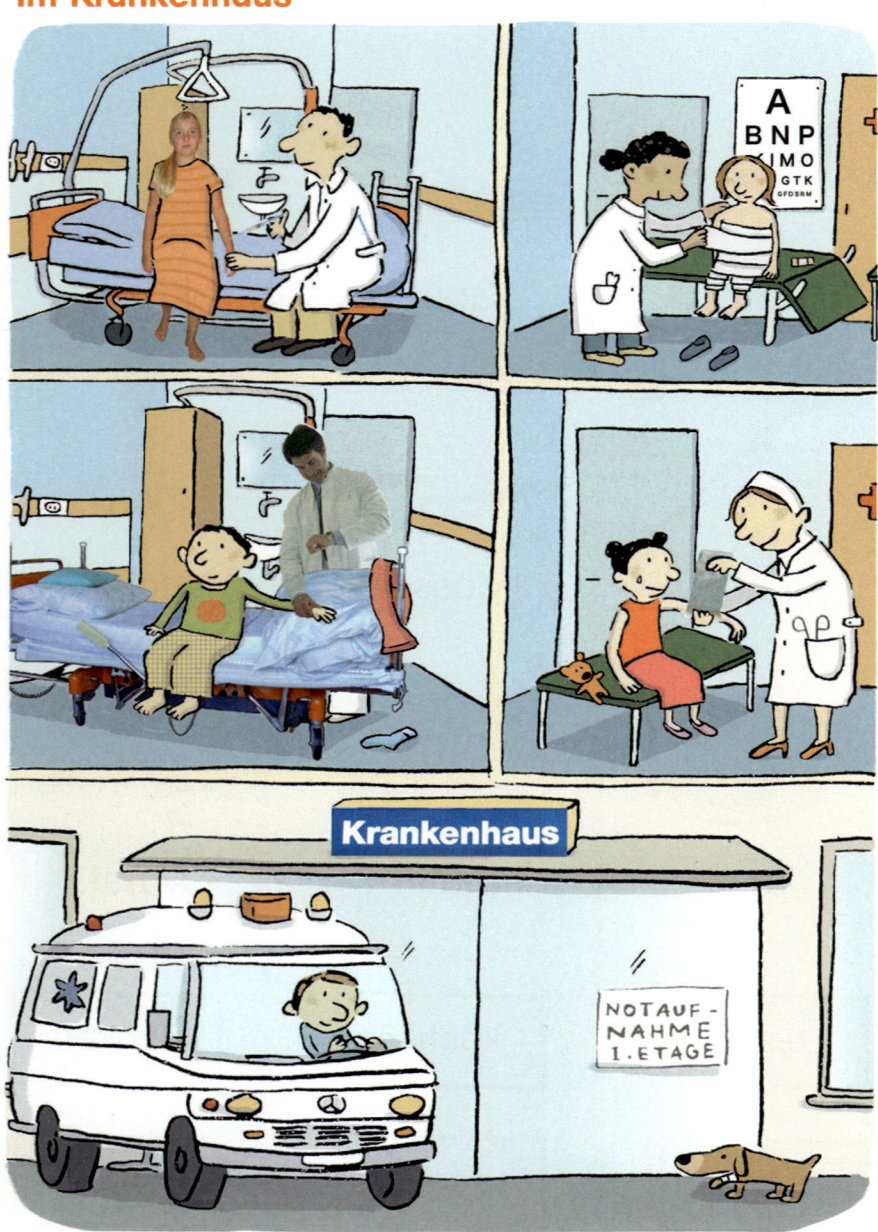

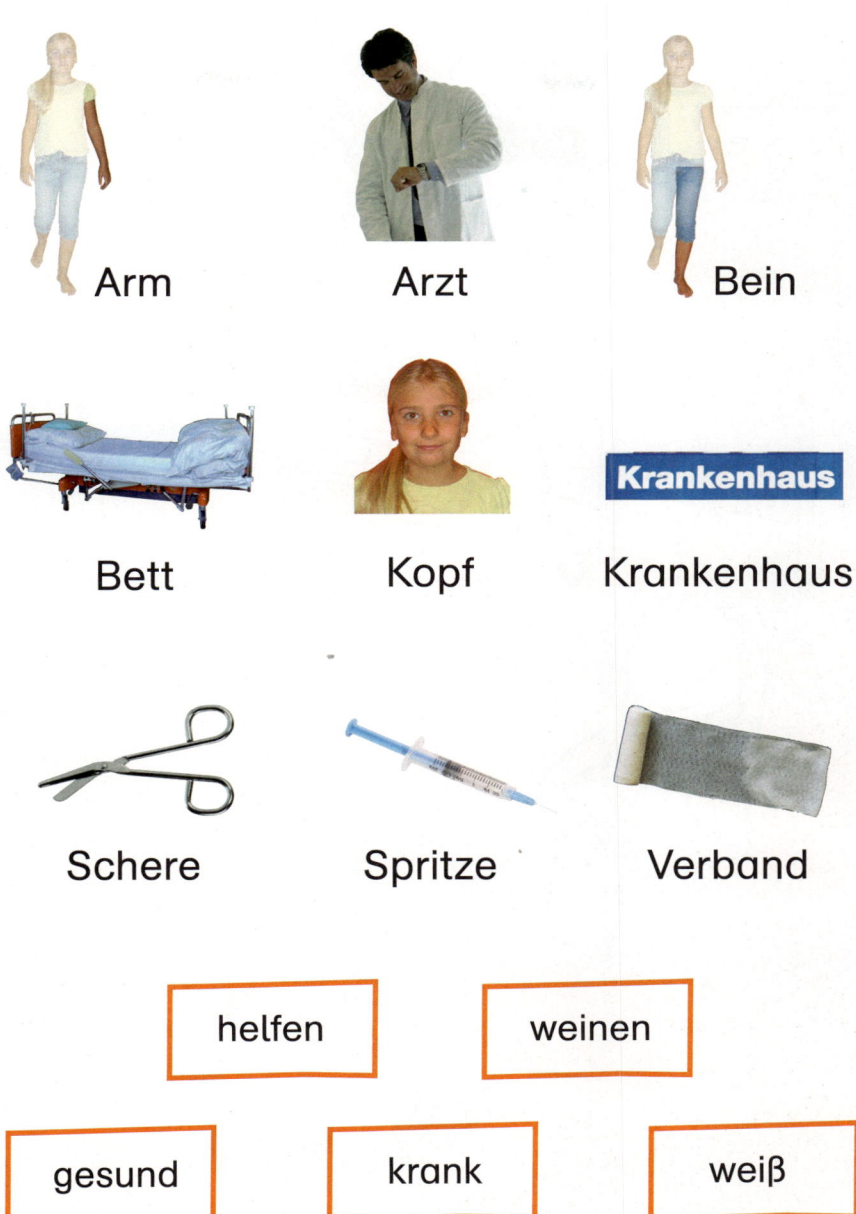

Arm

Arzt

Bein

Bett

Kopf

Krankenhaus

Schere

Spritze

Verband

helfen

weinen

gesund

krank

weiß

Meine Hobbys

Bild

Computer

Fahrrad

Hamster

Musik

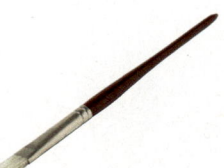

Pinsel

Pony

Roller

Rutsche

malen

reiten

streicheln

schnell

weich

Die Jahreszeiten

Baum

Blatt

Blume

Regen

Schlitten

Schnee

Sonne

Wind

Wolke

blühen

regnen

scheinen

kalt

warm

A a

	ab		
der	Abend	die	Abende
	abends		
	aber		
der	Abfall	die	Abfälle
	acht		
	achtzehn		
	achtzig		
der	Advent		
der	Affe	die	Affen
	alle		
	allein		
	alles		
	als		
	also		
	alt		älter
	am		
die	Ameise	die	Ameisen
die	Ampel	die	Ampeln
	an		
eine	andere ...	ein	anderer/anderes...

der	Anfang	die	Anfänge
	anfangen	er/sie	fängt an
die	Angst	die	Ängste
der	Anorak	die	Anoraks
	anrufen	er/sie	ruft an
die	Antwort	die	Antworten
	antworten	er/sie	antwortet
der	Apfel	die	Äpfel
der	April		
die	Arbeit	die	Arbeiten
	arbeiten	er/sie	arbeitet
der	Ärger		
sich	ärgern	er/sie	ärgert sich
	arm		ärmer
der	Arm	die	Arme
der	Arzt	die	Ärzte
die	Ärztin	die	Ärztinnen
der	Ast	die	Äste
	auch		
	auf		
die	Aufgabe	die	Aufgaben
	aufpassen	er/sie	passt auf
das	Auge	die	Augen

B
C
D
E
F
G
H
I
J
K
L
M
N
O
P
Q
R
S
T
U
V
W
X
Y
Z

A
B
C
D
E
F
G
H
I
J
K
L
M
N
O
P
Q
R
S
T
U
V
W
X
Y
Z

der **August**

aus

das **Auto**   die **Autos**

B b

das **Baby**   die **Babys**

der **Bach**   die **Bäche**

backen   er/sie **backt/bäckt**

der **Bäcker**   die **Bäcker**

das **Bad**   die **Bäder**

baden   er/sie **badet**

die **Badewanne**   die **Badewannen**

der **Bahnhof**   die **Bahnhöfe**

bald

der **Ball**   die **Bälle**

die **Banane**   die **Bananen**

die **Bank**   die **Bänke**

der **Bär**   die **Bären**

basteln   er/sie **bastelt**

der **Bauch**   die **Bäuche**

	bauen	er/sie	baut
der	Bauer	die	Bauern
die	Bäuerin	die	Bäuerinnen
der	Baum	die	Bäume
	bei		
	beide		
das	Bein	die	Beine
	beißen	er/sie	beißt
	bekommen	er/sie	bekommt
	bellen	er/sie	bellt
der	Berg	die	Berge
der	Beruf	die	Berufe
der	Besen	die	Besen
	besuchen	er/sie	besucht
	beten	er/sie	betet
das	Bett	die	Betten
sich	bewegen	er/sie	bewegt sich
	bezahlen	er/sie	bezahlt
die	Biene	die	Bienen
das	Bild	die	Bilder
	billig		
die	Birne	die	Birnen
	bis		

A
B
C
D
E
F
G
H
I
J
K
L
M
N
O
P
Q
R
S
T
U
V
W
X
Y
Z

		er/sie	
	bitten	er/sie	bittet
das	Blatt	die	Blätter
	blau		
	bleiben	er/sie	bleibt
der	Bleistift	die	Bleistifte
	blind		
	blühen	es	blüht
die	Blume	die	Blumen
die	Bluse	die	Blusen
das	Blut		
	bluten	er/sie	blutet
die	Blüte	die	Blüten
der	Boden	die	Böden
das	Boot	die	Boote
	böse		
	brauchen	er/sie	braucht
	braun		
	brechen	er/sie	bricht
	breit		
	brennen	es	brennt
der	Brief	die	Briefe
die	Brille	die	Brillen
	bringen	er/sie	bringt

das **Brot**   die Brote

das **Brötchen**   die Brötchen

der **Bruder**   die Brüder

das **Buch**   die Bücher

die **Bücherei**   die Büchereien

bunt

die **Burg**   die Burgen

der **Bus**   die Busse

der **Busch**   die Büsche

die **Butter**

C c

der **Cent**   die Cents

der **Christ**   die Christen

der **Christbaum**   die Christbäume

der **Clown**   die Clowns

der **Comic**   die Comics

der **Computer**   die Computer

der **Cowboy**   die Cowboys

A B C D E F G H I J K L M N O P Q R S T U V W X Y Z

D d

	da		
	dabei		
das	**Dach**	die	**Dächer**
	dafür		
	damals		
die	**Dame**	die	**Damen**
	damit		
	danach		
	danken	er/sie	**dankt**
	dann		
	darin		
	darum		
	das		
	dass		
der	**Daumen**	die	**Daumen**
	davor		
die	**Decke**	die	**Decken**
	dein		deine
der	**Delfin**	die	**Delfine**
	dem		
	den		

denken   er/sie   denkt

denn

der

deshalb

deutsch

Deutschland

der Dezember

dich

dicht

dick

die

der Dienstag   die Dienstage

diese   dieser, dieses

das Diktat   die Diktate

der Dinosaurier   die Dinosaurier

dir

doch

der Donnerstag   die Donnerstage

das Dorf   die Dörfer

dort

die Dose   die Dosen

der Drachen   die Drachen

draußen

A
B
C
D
E
F
G
H
I
J
K
L
M
N
O
P
Q
R
S
T
U
V
W
X
Y
Z

dreckig
drei
dreißig
dreizehn
drücken   er/sie   drückt
du
dunkel
dünn
durch
dürfen   er/sie   darf
der Durst
durstig
duschen   er/sie   duscht

E e

echt
die Ecke   die Ecken
eckig
egal
das Ei   die Eier

der	Eimer	die	Eimer
	ein		eine, einer
	einfach		
	einkaufen	er/sie	kauft ein
	einladen	er/sie	lädt ein
	einmal		
	eins		
	einsam		
das	Eis		
die	Eisenbahn	die	Eisenbahnen
der	Elefant	die	Elefanten
	elf		
der	Elfmeter	die	Elfmeter
die	Eltern		
das	Ende	die	Enden
	endlich		
	eng		
der	Engel	die	Engel
	entdecken	er/sie	entdeckt
die	Ente	die	Enten
sich	entschuldigen	er/sie	entschuldigt sich
	er		
die	Erbse	die	Erbsen

47

A B C D **E** F G H I J K L M N O P Q R S T U V W X Y Z

die **Erde**

die **Erdbeere**   die Erdbeeren

erlauben   er/sie erlaubt

erfinden   er/sie erfindet

erst

erste   erster, erstes

erzählen   er/sie erzählt

es

der **Esel**   die Esel

essen   er/sie isst

etwa

etwas

euch

euer   eure

die **Eule**   die Eulen

der **Euro**   die Euros

Europa

das **Euter**   die Euter

F f

die	Fahne		die	Fahnen
	fahren	er/sie		fährt
das	Fahrrad		die	Fahrräder
die	Fahrt		die	Fahrten
	fallen	er/sie		fällt
	falsch			
	falten	er/sie		faltet
die	Familie		die	Familien
	fangen	er/sie		fängt
die	Farbe		die	Farben
	fast			
	faul			
der	Februar			
die	Fee		die	Feen
	fehlen	er/sie		fehlt
der	Fehler		die	Fehler
die	Feier		die	Feiern
	feiern	er/sie		feiert
	fein			
das	Feld		die	Felder
das	Fenster		die	Fenster

die **Ferien**

fernsehen er/sie sieht fern

der **Fernseher** die Fernseher

fertig

fest

das **Fest** die Feste

fett

das **Feuer** die Feuer

der **Film** die Filme

finden er/sie findet

der **Finger** die Finger

der **Fisch** die Fische

fit

flach

die **Flasche** die Flaschen

das **Fleisch**

fleißig

die **Fliege** die Fliegen

fliegen er/sie fliegt

fließen es fließt

flitzen er/sie flitzt

die **Flöte** die Flöten

der **Flügel** die Flügel

das	Flugzeug	die	Flugzeuge
der	Fluss	die	Flüsse
	flüssig		
	fort		
das	Foto	die	Fotos
die	Frage	die	Fragen
	fragen	er/sie	fragt
die	Frau	die	Frauen
	frech		
	frei		
der	Freitag	die	Freitage
	fremd		
	fressen	er/sie	frisst
die	Freude	die	Freuden
sich	freuen	er/sie	freut sich
der	Freund	die	Freunde
die	Freundin	die	Freundinnen
	freundlich		
der	Frieden		
	frieren	er/sie	friert
	frisch		
	fröhlich		
der	Frosch	die	Frösche

A B C D E **F** G H I J K L M N O P Q R S T U V W X Y Z

die	**Frucht**	die	**Früchte**
	früh		
der	**Frühling**	die	**Frühlinge**
	fühlen	er/sie	**fühlt**
	füllen	er/sie	**füllt**
der	**Füller**	die	**Füller**
	fünf		
	fünfzehn		
	fünfzig		
	für		
sich	**fürchten**	er/sie	**fürchtet** sich
der	**Fuß**	die	**Füße**
der	**Fußball**	die	**Fußbälle**
das	**Futter**		

G g

die	**Gabel**	die	**Gabeln**
die	**Gans**	die	**Gänse**
das	**Gänseblümchen**	die	**Gänseblümchen**
	ganz		

eine	ganze ...	ein	ganzer/ganzes ...
die	Garage	die	Garagen
die	Gardine	die	Gardinen
der	Garten	die	Gärten
	geben	er/sie	gibt
der	Geburtstag	die	Geburtstage
die	Gefahr	die	Gefahren
	gefährlich		
	geheim		
das	Geheimnis	die	Geheimnisse
	gehen	er/sie	geht
die	Geige	die	Geigen
	gelb		
das	Geld	die	Gelder
	gemein		
das	Gemüse		
	genau		
	gerade		
	gern		
das	Geschenk	die	Geschenke
die	Geschichte	die	Geschichten
das	Gesicht	die	Gesichter
das	Gespenst	die	Gespenster

A
B
C
D
E
F
G
H
I
J
K
L
M
N
O
P
Q
R
S
T
U
V
W
X
Y
Z

	gestern		
	gesund		gesünder
die	Gesundheit		
	gewinnen	er/sie	gewinnt
das	Gewitter	die	Gewitter
	giftig		
die	Giraffe	die	Giraffen
die	Gitarre	die	Gitarren
das	Glas	die	Gläser
	glatt		
	gleich		
die	Glocke	die	Glocken
das	Glück		
	glücklich		
der	Gorilla	die	Gorillas
der	Gott	die	Götter
	graben	er/sie	gräbt
das	Gras	die	Gräser
	grau		
	greifen	er/sie	greift
	grob		gröber
	groß		größer
die	Großmutter	die	Großmütter

der **Großvater**   die **Großväter**

grün

gucken   er/sie **guckt**

das **Gummibärchen**   die **Gummibärchen**

die **Gurke**   die **Gurken**

der **Gürtel**   die **Gürtel**

gut   besser

die **Gymnastik**

H h

das **Haar**   die **Haare**

haben   er/sie **hat**

der **Hagel**

der **Hahn**   die **Hähne**

halb

hallo

der **Hals**   die **Hälse**

halten   er/sie **hält**

der **Hammer**   die **Hämmer**

der **Hamster**   die **Hamster**

die	Hand	die	Hände
der	Handschuh	die	Handschuhe
das	Handy	die	Handys
	hängen	es	hängt
	hart		härter
der	Hase	die	Hasen
	hässlich		
das	Haus	die	Häuser
die	Hausaufgabe	die	Hausaufgaben
die	Haut	die	Häute
	heben	er/sie	hebt
die	Hecke	die	Hecken
das	Heft	die	Hefte
	heimlich		
	heiraten	er/sie	heiratet
	heiß		
	heißen	er/sie	heißt
	helfen	er/sie	hilft
	hell		
der	Helm	die	Helme
das	Hemd	die	Hemden
	her		
	heraus		

	herbei		
der	Herbst	die	Herbste
	herein		
der	Herr	die	Herren
	herrlich		
	herum		
	herunter		
das	Herz	die	Herzen
	herzlich		
	heute		
	heulen	er/sie	heult
die	Hexe	die	Hexen
	hier		
die	Hilfe	die	Hilfen
die	Himbeere	die	Himbeeren
der	Himmel		
	hin		
	hinauf		
	hinaus		
	hinein		
	hinter		
	hinterher		
das	Hobby	die	Hobbys

A
B
C
D
E
F
G
H
I
J
K
L
M
N
O
P
Q
R
S
T
U
V
W
X
Y
Z

	hoch		höher
der	Hof	die	Höfe
	hoffen	er/sie	hofft
	hoffentlich		
	holen	er/sie	holt
das	Holz	die	Hölzer
der	Honig	die	Honige
	hören	er/sie	hört
der	Hort	die	Horte
die	Hose	die	Hosen
das	Hotel	die	Hotels
	hübsch		
das	Huhn	die	Hühner
die	Hummel	die	Hummeln
der	Hund	die	Hunde
	hundert		
der	Hunger		
	hungrig		
die	Hupe	die	Hupen
	hüpfen	er/sie	hüpft
	husten	er/sie	hustet
der	Hut	die	Hüte

I i

ich
die Idee   die Ideen
der Igel   die Igel
das Iglu   die Iglus
ihm
ihn
ihnen
ihr
ihre
im
immer
in
der Indianer   die Indianer
innen
ins
die Insel   die Inseln
das Internet
sich irren   er/sie irrt sich
ist   (→ sein)

J j

ja

die	Jacke		die	Jacken
	jagen		er/sie	jagt
der	Jäger		die	Jäger
das	Jahr		die	Jahre
	jammern		er/sie	jammert
der	Januar			
die	Jeans			
	jede			jeder, jedes
	jemand			
	jetzt			
	joggen		er/sie	joggt
	jubeln		er/sie	jubelt
	jucken		es	juckt
das	Judo			
der	Juli			
	jung			jünger
der	Junge		die	Jungen
der	Juni			

K k

der	Käfer	die	Käfer
der	Kaffee	die	Kaffees
der	Kakao	die	Kakaos
der	Kaktus	die	Kakteen
der	Kalender	die	Kalender
	kalt		kälter
die	Kälte		
das	Kamel	die	Kamele
der	Kamm	die	Kämme
das	Känguru	die	Kängurus
das	Kaninchen	die	Kaninchen
die	Kanne	die	Kannen
	kaputt		
die	Karotte	die	Karotten
die	Karte	die	Karten
die	Kartoffel	die	Kartoffeln
das	Karussell	die	Karussells
der	Käse		
der	Kasper	die	Kasper
die	Kastanie	die	Kastanien
der	Kasten	die	Kästen

A B C D E F G H I J **K** L M N O P Q R S T U V W X Y Z

die	Katze	die	Katzen
	kauen	er/sie	kaut
	kaufen	er/sie	kauft
	kaum		
	kein		keine
der	Keks	die	Kekse
der	Keller	die	Keller
	kennen	er/sie	kennt
die	Kerze	die	Kerzen
der	Ketschup	die	Ketschups
	kichern	er/sie	kichert
das	Kind	die	Kinder
das	Kinderzimmer	die	Kinderzimmer
das	Kino	die	Kinos
die	Kirche	die	Kirchen
die	Kirsche	die	Kirschen
die	Kiste	die	Kisten
	kitzeln	er/sie	kitzelt
	klar		
die	Klasse	die	Klassen
der	Klassenraum	die	Klassenräume
	klatschen	er/sie	klatscht
das	Klavier	die	Klaviere

		er/sie	klebt
das	Kleid	die	Kleider
	klein		
	klettern	er/sie	klettert
die	Klingel	die	Klingeln
	klingeln	er/sie	klingelt
das	Klo	die	Klos
	klug		klüger
	knabbern	er/sie	knabbert
	kneten	er/sie	knetet
das	Knie	die	Knie
der	Knochen	die	Knochen
der	Koch	die	Köche
die	Köchin	die	Köchinnen
	kochen	er/sie	kocht
der	Koffer	die	Koffer
	komisch		
	kommen	er/sie	kommt
der	König	die	Könige
die	Königin	die	Königinnen
	können	er/sie	kann
das	Konzert	die	Konzerte
der	Kopf	die	Köpfe

kleben

A
B
C
D
E
F
G
H
I
J
K
L
M
N
O
P
Q
R
S
T
U
V
W
X
Y
Z

der	Korb	die	Körbe
der	Körper	die	Körper
	kosten	es	kostet
die	Kraft	die	Kräfte
	kräftig		
	krank		kränker
die	Krankheit	die	Krankheiten
das	Krankenhaus	die	Krankenhäuser
der	Kranz	die	Kränze
	kratzen	es	kratzt
das	Kraut	die	Kräuter
die	Kreide	die	Kreiden
der	Kreis	die	Kreise
die	Kreuzung	die	Kreuzungen
das	Krokodil	die	Krokodile
die	Krone	die	Kronen
die	Küche	die	Küchen
der	Kuchen	die	Kuchen
die	Kuh	die	Kühe
	kurz		kürzer
	kuscheln	er/sie	kuschelt
der	Kuss	die	Küsse
	küssen	er/sie	küsst

L l

	lächeln	er/sie	lächelt
	lachen	er/sie	lacht
der	Laden	die	Läden
das	Lama	die	Lamas
das	Lamm	die	Lämmer
die	Lampe	die	Lampen
das	Land	die	Länder
	landen	er/sie	landet
	lang		länger
	langsam		
	lassen	er/sie	lässt
die	Laterne	die	Laternen
das	Laub		
	laufen	er/sie	läuft
	laut		
	läuten	es	läutet
	leben	er/sie	lebt
das	Leben	die	Leben
	lebendig		
	lecken	er/sie	leckt
	lecker		

A B C D E F G H I J K **L** M N O P Q R S T U V W X Y Z

leer

legen   er/sie legt

der Lehrer   die Lehrer

die Lehrerin   die Lehrerinnen

leicht

leider

leise

die Leiter   die Leitern

der Lenker   die Lenker

lernen   er/sie lernt

lesen   er/sie liest

die Leute

das Lexikon   die Lexika

die Libelle   die Libellen

das Licht   die Lichter

lieb

lieben   er/sie liebt

das Lied   die Lieder

liegen   er/sie liegt

lila

das Lineal   die Lineale

eine linke …   ein linker/linkes …

links

A
B
C
D
E
F
G
H
I
J
K
L
M
N
O
P
Q
R
S
T
U
V
W
X
Y
Z

die	Lippe	die	Lippen
	loben	er/sie	lobt
das	Loch	die	Löcher
	locker		
der	Löffel	die	Löffel
	logisch		
die	Lokomotive	die	Lokomotiven
	los		
der	Löwe	die	Löwen
der	Löwenzahn		
die	Luft	die	Lüfte
	lügen	er/sie	lügt
die	Lupe	die	Lupen
	lustig		
der	Lutscher	die	Lutscher

M m

	machen	er/sie	macht
das	Mädchen	die	Mädchen
der	Mai		

der **Mais**

mal

malen   er/sie **malt**

die **Mama**   die **Mamas**

man

manchmal

der **Mann**   die **Männer**

der **Mantel**   die **Mäntel**

das **Märchen**   die **Märchen**

der **Marienkäfer**   die **Marienkäfer**

der **Markt**   die **Märkte**

die **Marmelade**   die **Marmeladen**

der **März**

die **Maske**   die **Masken**

die **Mathematik**

die **Matratze**   die **Matratzen**

der **Maulwurf**   die **Maulwürfe**

die **Maus**   die **Mäuse**

die **Medizin**

das **Meer**   die **Meere**

das **Meerschweinchen**   die **Meerschweinchen**

mehr

mein   meine

	meinen	er/sie	meint
die	Melone	die	Melonen
der	Mensch	die	Menschen
	merken	er/sie	merkt
	messen	er/sie	misst
das	Messer	die	Messer
der	Meter	die	Meter
	mich		
die	Milch		
	minus		
die	Minute	die	Minuten
	mir		
	mit		
der	Mitschüler	die	Mitschüler
die	Mitschülerin	die	Mitschülerinnen
der	Mittag	die	Mittage
die	Mitte		
der	Mittwoch	die	Mittwoche
	mögen	er/sie	mag
die	Möhre	die	Möhren
der	Monat	die	Monate
der	Mond	die	Monde
das	Monster	die	Monster

A
B
C
D
E
F
G
H
I
J
K
L
M
N
O
P
Q
R
S
T
U
V
W
X
Y
Z

der	Montag	die	Montage
das	Moor	die	Moore
der	Morgen	die	Morgen
	morgen		
	morgens		
der	Motor	die	Motoren
die	Möwe	die	Möwen
die	Mücke	die	Mücken
	müde		
der	Müll		
der	Mund	die	Münder
	murmeln	er/sie	murmelt
die	Muschel	die	Muscheln
das	Museum	die	Museen
die	Musik		
	müssen	er/sie	muss
	mutig		
die	Mutter	die	Mütter
die	Mütze	die	Mützen

N n

nach

der	Nachbar	die	Nachbarn
die	Nachbarin	die	Nachbarinnen
der	Nachmittag	die	Nachmittage
der	Nachname	die	Nachnamen
die	Nacht	die	Nächte

nachts

die	Nadel	die	Nadeln
der	Nagel	die	Nägel
	nah		näher
	nähen	er/sie	näht
die	Nahrung		
der	Name	die	Namen
der	Namenstag	die	Namenstage

nämlich

	naschen	er/sie	nascht
die	Nase	die	Nasen
das	Nashorn	die	Nashörner
	nass		
die	Natur		
	natürlich		

der	Nebel		die	Nebel
	neben			
	neblig			
	nehmen		er/sie	nimmt
	neidisch			
	nein			
	nennen		er/sie	nennt
das	Nest		die	Nester
	nett			
	neu			
	neun			
	neunzehn			
	neunzig			
	nicht			
	nichts			
	nie			
	niemand			
	niesen		er/sie	niest
der	Nikolaus			
die	Nixe		die	Nixen
	noch			
	normal			
die	Not		die	Nöte

A
B
C
D
E
F
G
H
I
J
K
L
M
N
O
P
Q
R
S
T
U
V
W
X
Y
Z

der	November		
die	Nudel	die	Nudeln
die	Nummer	die	Nummern
	nun		
	nur		
die	Nuss	die	Nüsse

O o

die	Oase	die	Oasen
	ob		
	oben		
das	Obst		
	obwohl		
	oder		
der	Ofen	die	Öfen
	offen		
	oft		
	ohne		
das	Ohr	die	Ohren
der	Oktober		

die Oma   die Omas

der Onkel   die Onkel

der Opa   die Opas

orange

ordentlich

ordnen   er/sie ordnet

die Orgel   die Orgeln

der Ort   die Orte

das Osterei   die Ostereier

Ostern

P p

das Paar   die Paare

packen   er/sie packt

das Paket   die Pakete

die Palme   die Palmen

der Papa   die Papas

der Papagei   die Papageien

das Papier

der Park   die Parks

	parken	er/sie	parkt
die	Party	die	Partys
	passen	es	passt
die	Pause	die	Pausen
das	Pech		
das	Pedal	die	Pedale
	peinlich		
	petzen	er/sie	petzt
	pfeifen	er/sie	pfeift
das	Pferd	die	Pferde
	Pfingsten		
die	Pflanze	die	Pflanzen
	pflanzen	er/sie	pflanzt
die	Pflaume	die	Pflaumen
	pflegen	er/sie	pflegt
	pflücken	er/sie	pflückt
die	Pfote	die	Pfoten
die	Pfütze	die	Pfützen
das	Picknick	die	Picknicke
der	Pilz	die	Pilze
der	Pinguin	die	Pinguine
der	Pinsel	die	Pinsel
die	Pizza	die	Pizzen

A B C D E F G H I J K L M N O **P** Q R S T U V W X Y Z

der	Planet	die	Planeten
	planschen	er/sie	planscht
der	Platz	die	Plätze
	platzen	es	platzt
	plötzlich		
	plus		
der	Pokal	die	Pokale
der	Polizist	die	Polizisten
die	Polizistin	die	Polizistinnen
die	Pommes frites		
das	Pony	die	Ponys
der	Popo	die	Popos
die	Post		
der	Preis	die	Preise
	prima		
	proben	er/sie	probt
der	Prinz	die	Prinzen
die	Prinzessin	die	Prinzessinnen
	prüfen	er/sie	prüft
der	Pudding	die	Puddings
der	Pudel	die	Pudel
der	Pullover	die	Pullover
der	Punkt	die	Punkte

die **Puppe**   die Puppen
putzen   er/sie putzt
die **Pyramide**   die Pyramiden

Qu qu

das **Quadrat**   die Quadrate
quadratisch
quaken   er/sie quakt
die **Qualle**   die Quallen
der **Qualm**
qualmen   es qualmt
der **Quark**
der **Quatsch**
quatschen   er/sie quatscht
quer
quieken   es quiekt
quietschen   es quietscht

A
B
C
D
E
F
G
H
I
J
K
L
M
N
O
P
Q
R
S
T
U
V
W
X
Y
Z

R r

der	Rabe	die	Raben
das	Rad	die	Räder
der	Radfahrer	die	Radfahrer
die	Radfahrerin	die	Radfahrerinnen
	radieren	er/sie	radiert
der	Radiergummi	die	Radiergummis
das	Radio	die	Radios
die	Rakete	die	Raketen
der	Rand	die	Ränder
der	Ranzen	die	Ranzen
	rasen	er/sie	rast
	raten	er/sie	rät
das	Rätsel	die	Rätsel
die	Ratte	die	Ratten
	rauben	er/sie	raubt
	rau		
der	Raum	die	Räume
die	Raupe	die	Raupen
	rechnen	er/sie	rechnet
die	Rechnung	die	Rechnungen
eine	rechte ...	ein	rechter/rechtes ...

rechts

reden   er/sie   redet

die Regel   die   Regeln

der Regen

der Regenbogen   die   Regenbögen

regnen   es   regnet

reiben   er/sie   reibt

reich

reif

die Reihe   die   Reihen

der Reim   die   Reime

der Reis

die Reise   die   Reisen

reisen   er/sie   reist

reißen   er/sie   reißt

reiten   er/sie   reitet

rennen   er/sie   rennt

retten   er/sie   rettet

richtig

die Richtung   die   Richtungen

riechen   er/sie   riecht

der Riese   die   Riesen

riesig

A B C D E F G H I J K L M N O P Q **R** S T U V W X Y Z

der	Ring	die	Ringe
der	Ritter	die	Ritter
die	Robbe	die	Robben
der	Roboter	die	Roboter
der	Rock	die	Röcke
	rodeln	er/sie	rodelt
	rollen	es	rollt
der	Roller	die	Roller
der	Rollschuh	die	Rollschuhe
	rosa		
die	Rose	die	Rosen
	rostig		
	rot		
das	Rotkehlchen	die	Rotkehlchen
der	Rücken	die	Rücken
der	Rucksack	die	Rucksäcke
	rufen	er/sie	ruft
	ruhig		
	rühren	er/sie	rührt
	rund		
der	Rüssel	die	Rüssel
die	Rutsche	die	Rutschen
	rutschen	er/sie	rutscht

S s

die	Sache		die	Sachen
der	Sack		die	Säcke
der	Saft		die	Säfte
	saftig			
die	Säge		die	Sägen
	sagen	er/sie		sagt
die	Salami		die	Salamis
der	Salat		die	Salate
das	Salz			
	salzig			
der	Samen		die	Samen
	sammeln	er/sie		sammelt
der	Samstag		die	Samstage
der	Sand			
die	Sandale		die	Sandalen
	sandig			
der	Sänger		die	Sänger
die	Sängerin		die	Sängerinnen
	satt			
der	Sattel		die	Sättel
der	Satz		die	Sätze

A
B
C
D
E
F
G
H
I
J
K
L
M
N
O
P
Q
R
S
T
U
V
W
X
Y
Z

sauber

sauer

sausen   er/sie   saust

schade

das Schaf   die   Schafe

schaffen   er/sie   schafft es

der Schal   die   Schals

scharf   schärfer

der Schatten   die   Schatten

der Schatz   die   Schätze

schauen   er/sie   schaut

die Schaufel   die   Schaufeln

schaukeln   er/sie   schaukelt

scheinen   er/sie   scheint

schenken   er/sie   schenkt

die Schere   die   Scheren

die Scheune   die   Scheunen

schicken   er/sie   schickt

schieben   er/sie   schiebt

schief

das Schiff   die   Schiffe

die Schildkröte   die   Schildkröten

der Schinken   die   Schinken

der	Schirm	die	Schirme
	schlafen	er/sie	schläft
	schlagen	er/sie	schlägt
die	Schlange	die	Schlangen
	schlank		
	schlau		
	schlecht		
	schleichen	er/sie	schleicht
	schließen	er/sie	schließt
der	Schlitten	die	Schlitten
das	Schloss	die	Schlösser
der	Schluss		
der	Schlüssel	die	Schlüssel
	schmal		
	schmecken	es	schmeckt
der	Schmetterling	die	Schmetterlinge
	schmücken	er/sie	schmückt
	schmusen	er/sie	schmust
	schmutzig		
der	Schnabel	die	Schnäbel
die	Schnauze	die	Schnauzen
die	Schnecke	die	Schnecken
der	Schnee		

A
B
C
D
E
F
G
H
I
J
K
L
M
N
O
P
Q
R
S
T
U
V
W
X
Y
Z

der	**Schneemann**	die	Schneemänner
	schneiden	er/sie	schneidet
	schneien	es	schneit
	schnell		
die	**Schokolade**	die	Schokoladen
	schon		
	schön		
der	**Schornstein**	die	Schornsteine
die	**Schramme**	die	Schrammen
der	**Schrank**	die	Schränke
	schrecklich		
	schreiben	er/sie	schreibt
	schreien	er/sie	schreit
die	**Schrift**	die	Schriften
der	**Schuh**	die	Schuhe
die	**Schule**	die	Schulen
der	**Schüler**	die	Schüler
die	**Schülerin**	die	Schülerinnen
die	**Schulter**	die	Schultern
die	**Schüssel**	die	Schüsseln
	schütten	er/sie	schüttet
	schwach		schwächer
der	**Schwamm**	die	Schwämme

der	Schwanz	die	Schwänze
	schwarz		
das	Schwein	die	Schweine
	schwer		
die	Schwester	die	Schwestern
	schwimmen	er/sie	schwimmt
	schwitzen	er/sie	schwitzt
	schwören	er/sie	schwört
	sechs		
	sechzehn		
	sechzig		
der	See	die	Seen
	segeln	er/sie	segelt
	sehen	er/sie	sieht
	sehr		
die	Seife	die	Seifen
das	Seil	die	Seile
	sein	er/sie	ist,
		er/sie	war
	sein		seine
	seit		
die	Seite	die	Seiten
die	Sekunde	die	Sekunden

der	September		
der	Sessel	die	Sessel
sich	setzen	er/sie	setzt sich
	sich		
	sicher		
	sie		
das	Sieb	die	Siebe
	sieben		
	siebzehn		
	siebzig		
	siegen	er/sie	siegt
	Silvester		
	singen	er/sie	singt
der	Sinn	die	Sinne
	sitzen	er/sie	sitzt
das	Skelett	die	Skelette
	so		
die	Socke	die	Socken
das	Sofa	die	Sofas
	sofort		
der	Sohn	die	Söhne
	sollen	er/sie	soll
der	Sommer	die	Sommer

A
B
C
D
E
F
G
H
I
J
K
L
M
N
O
P
Q
R
S
T
U
V
W
X
Y
Z

sondern

der Sonnabend   die Sonnabende

die Sonne   die Sonnen

sonnig

der Sonntag   die Sonntage

sonst

die Spagetti

spannend

sparen   er/sie spart

der Spaß   die Späße

spät

der Spatz   die Spatzen

der Spiegel   die Spiegel

spielen   er/sie spielt

das Spiel   die Spiele

der Spieler   die Spieler

die Spielerin   die Spielerinnen

der Spielplatz   die Spielplätze

das Spielzeug   die Spielzeuge

der Spinat

die Spinne   die Spinnen

spinnen   er/sie spinnt

spitz

der Sport

sportlich

sprechen   er/sie spricht

springen   er/sie springt

die Spritze   die Spritzen

spritzen   es spritzt

spucken   er/sie spuckt

spülen   er/sie spült

spüren   er/sie spürt

die Stadt   die Städte

der Stall   die Ställe

die Stange   die Stangen

der Stängel   die Stängel

stark   stärker

der Staub

stechen   er/sie sticht

stehen   er/sie steht

steigen   er/sie steigt

steil

der Stein   die Steine

stellen   er/sie stellt

der Stempel   die Stempel

der Stern   die Sterne

der **Stiefel**   die Stiefel

der **Stift**   die Stifte

still

die **Stimme**   die Stimmen

stinken   es stinkt

die **Stirn**   die Stirnen

der **Stock**   die Stöcke

stolpern   er/sie stolpert

stolz

stoppen   er/sie stoppt

das **Stoppschild**   die Stoppschilder

der **Strand**   die Strände

die **Straße**   die Straßen

der **Strauch**   die Sträucher

der **Streich**   die Streiche

streicheln   er/sie streichelt

der **Streit**   die Streite

streiten   er/sie streitet

der **Strich**   die Striche

der **Strumpf**   die Strümpfe

das **Stück**   die Stücke

der **Stuhl**   die Stühle

die **Stunde**   die Stunden

A B C D E F G H I J K L M N O P Q R **S** T U V W X Y Z

der **Sturm**   die Stürme
stürzen   er/sie stürzt
suchen   er/sie sucht
super
die **Suppe**   die Suppen
süß
die **Süßigkeit**   die Süßigkeiten

T t

die **Tafel**   die Tafeln
der **Tag**   die Tage
die **Tanne**   die Tannen
die **Tante**   die Tanten
der **Tanz**   die Tänze
tanzen   er/sie tanzt
die **Tasche**   die Taschen
die **Tasse**   die Tassen
die **Tatze**   die Tatzen
die **Taube**   die Tauben
tauchen   er/sie taucht

	tauschen	er/sie	tauscht
	tausend		
das	Taxi	die	Taxis
der	Teddy	die	Teddys
der	Tee	die	Tees
der	Teich	die	Teiche
	teilen	er/sie	teilt
das	Telefon	die	Telefone
	telefonieren	er/sie	telefoniert
der	Teller	die	Teller
die	Temperatur	die	Temperaturen
der	Teppich	die	Teppiche
	teuer		
der	Text	die	Texte
das	Thermometer	die	Thermometer
	tief		
das	Tier	die	Tiere
der	Tiger	die	Tiger
	tippen	er/sie	tippt
der	Tisch	die	Tische
	toben	er/sie	tobt
die	Tochter	die	Töchter
	toll		

A
B
C
D
E
F
G
H
I
J
K
L
M
N
O
P
Q
R
S
T
U
V
W
X
Y
Z

die	Tomate	die	Tomaten
der	Ton	die	Töne
der	Topf	die	Töpfe
das	Tor	die	Tore
die	Torte	die	Torten
	tot		
	tragen	er/sie	trägt
der	Traktor	die	Traktoren
die	Traube	die	Trauben
der	Traum	die	Träume
	träumen	er/sie	träumt
	traurig		
	treffen	er/sie	trifft
die	Treppe	die	Treppen
	treten	er/sie	tritt
	treu		
	trinken	er/sie	trinkt
	trocken		
die	Trommel	die	Trommeln
die	Trompete	die	Trompeten
	trösten	er/sie	tröstet
das	T-Shirt	die	T-Shirts
das	Tuch	die	Tücher

die **Tulpe**   die Tulpen

tun   er/sie **tut** etwas

die **Tür**   die Türen

der **Turm**   die Türme

turnen   er/sie **turnt**

die **Tüte**   die Tüten

U u

die **U-Bahn**   die U-Bahnen

üben   er/sie **übt**

über

überall

überqueren   er/sie **überquert**

überraschen   er/sie **überrascht**
          jemanden

die **Überschrift**   die Überschriften

übrigens

die **Übung**   die Übungen

das **Ufer**   die Ufer

die **Uhr**   die Uhren

A B C D E F G H I J K L M N O P Q R S **T U** V W X Y Z

der **Uhu** die Uhus

um

umarmen er/sie umarmt

umfallen er/sie fällt um

die **Umwelt**

und

der **Unfall** die Unfälle

das **Ungeheuer** die Ungeheuer

unheimlich

uns

unser unsere

der **Unsinn**

unten

unter

unternehmen er/sie unternimmt etwas

der **Unterricht**

unterrichten er/sie unterrichtet

unterwegs

der **Urlaub** die Urlaube

V v

der	Vampir	die	Vampire
die	Vase	die	Vasen
der	Vater	die	Väter
der	Verband	die	Verbände
das	Verbot	die	Verbote
	vergessen	er/sie	vergisst
	verkaufen	er/sie	verkauft
der	Verkehr		
sich	verkleiden	er/sie	verkleidet sich
	verlieren	er/sie	verliert
	verraten	er/sie	verrät etwas
	verschlafen	er/sie	verschläft
	verstecken	er/sie	versteckt
	verstehen	er/sie	versteht
	versuchen	er/sie	versucht
	viel		mehr, am meisten
	vier		
	vierzehn		
	vierzig		
das	Vitamin	die	Vitamine
der	Vogel	die	Vögel

A
B
C
D
E
F
G
H
I
J
K
L
M
N
O
P
Q
R
S
T
U
V
W
X
Y
Z

95

A
B
C
D
E
F
G
H
I
J
K
L
M
N
O
P
Q
R
S
T
U
V
W
X
Y
Z

das **Volk**   die **Völker**

voll

vom

von

vor

voraus

vorbei

vorlesen   er/sie **liest vor**

der **Vorname**   die **Vornamen**

vorsichtig

die **Vorstellung**   die **Vorstellungen**

der **Vulkan**   die **Vulkane**

W w

die **Waage**   die **Waagen**

wach

wachsen   er/sie **wächst**

die **Waffel**   die **Waffeln**

wählen   er/sie **wählt**

wahr

der	Wal	die	Wale	
der	Wald	die	Wälder	
die	Wand	die	Wände	
	wandern	er/sie	wandert	
die	Wanderung	die	Wanderungen	
	wann			
	war		(→ sein)	
	warm		wärmer	
die	Wärme			
	warnen	er/sie	warnt	
	warten	er/sie	wartet	
	warum			
	was			
	waschen	er/sie	wäscht	
das	Wasser			
	wasserscheu			
die	Watte			
der	Wecker	die	Wecker	
	weg			
der	Weg	die	Wege	
	wegen			
	weich			
	Weihnachten			

A
B
C
D
E
F
G
H
I
J
K
L
M
N
O
P
Q
R
S
T
U
V
W
X
Y
Z

	weil		
	weinen	er/sie	weint
	weiß		
	weit		
	weiter		
	welche		welcher, welches
die	Welle	die	Wellen
die	Welt	die	Welten
	wem		
	wen		
	wenig		
	wenn		
	wer		
	werden	er/sie	wird
	werfen	er/sie	wirft
das	Wetter		
	wichtig		
	wie		
	wieder		
	wiederholen	er/sie	wiederholt
die	Wiege	die	Wiegen
	wiegen	er/sie	wiegt
die	Wiese	die	Wiesen

das	Wiesel	die	Wiesel
	wieso		
	wild		
die	Wimper	die	Wimpern
der	Wind	die	Winde
	windig		
die	Windel	die	Windeln
	winken	er/sie	winkt
der	Winter	die	Winter
	winzig		
die	Wippe	die	Wippen
	wir		
	wissen	er/sie	weiß
der	Witz	die	Witze
	witzig		
	wo		
die	Woche	die	Wochen
das	Wochenende	die	Wochenenden
	wofür		
	woher		
	wohin		
	wohnen	er/sie	wohnt
die	Wohnung	die	Wohnungen

A B C D E F G H I J K L M N O P Q R S T U V W X Y Z

der **Wolf**   die Wölfe
die **Wolke**   die Wolken
wolkig
die **Wolle**
wollen   er/sie will
das **Wort**   die Wörter
wovon
wozu
die **Wunde**   die Wunden
das **Wunder**   die Wunder
wunderbar
der **Wunsch**   die Wünsche
wünschen   er/sie wünscht
der **Würfel**   die Würfel
der **Wurm**   die Würmer
die **Wurst**   die Würste
die **Wurzel**   die Wurzeln
die **Wüste**   die Wüsten
die **Wut**
wütend

X x

die **X-Beine**

das **Xylofon**   die Xylofone

Y y

die **Yacht**   die Yachten

der **Yak**   die Yaks

das **Ypsilon**   die Ypsilons

Z z

zäh

die **Zahl**   die Zahlen

zählen   er/sie zählt

zahm

der **Zahn**   die Zähne

die **Zahnbürste**   die Zahnbürsten

A B C D E F G H I J K L M N O P Q R S T U V W **X Y** Z

die	Zange	die	Zangen
	zanken	er/sie	zankt
	zärtlich		
	zaubern	er/sie	zaubert
der	Zaun	die	Zäune
das	Zebra	die	Zebras
der	Zebrastreifen	die	Zebrastreifen
die	Zehe	die	Zehen
	zehn		
	zeichnen	er/sie	zeichnet
	zeigen	er/sie	zeigt
die	Zeit	die	Zeiten
die	Zeitung	die	Zeitungen
das	Zelt	die	Zelte
der	Zettel	die	Zettel
das	Zeugnis	die	Zeugnisse
die	Ziege	die	Ziegen
	ziehen	er/sie	zieht
das	Ziel	die	Ziele
	ziemlich		
das	Zimmer	die	Zimmer
der	Zirkus	die	Zirkusse
die	Zitrone	die	Zitronen

A B C D E F G H I J K L M N O P Q R S T U V W X Y Z

	zittern	er/sie	zittert
der	Zoo	die	Zoos
der	Zopf	die	Zöpfe
	zu		
der	Zucker		
	zuerst		
	zufrieden		
der	Zug	die	Züge
	zuletzt		
	zum		
die	Zunge	die	Zungen
	zur		
	zurück		
	zusammen		
	zwanzig		
	zwei		
der	Zweig	die	Zweige
der	Zwerg	die	Zwerge
der	Zwieback	die	Zwiebäcke
die	Zwiebel	die	Zwiebeln
der	Zwilling	die	Zwillinge
	zwischen		
	zwölf		

A
B
C
D
E
F
G
H
I
J
K
L
M
N
O
P
Q
R
S
T
U
V
W
X
Y
Z

Das Alphabet

 Das Abc ist eine feste Reihenfolge der Buchstaben von **A** bis **Z**.
Wir nennen diese 26 Buchstaben auch das Alphabet.

1. Welcher Buchstabe kommt davor, welcher danach? Schreibe so: DEF, …

E   *R*   *G*   *N*   *X*

2. Finde in der Wörterliste zu diesen Buchstaben das erste Wort, das großgeschrieben wird, und das erste kleingeschriebene Wort.
Schreibe so: D → da, Dach; …

D   I   T   H   L

3. Finde in der Wörterliste für die 2. Klasse die letzten drei Wörter zu jedem dieser Buchstaben.
Schreibe so: A → August, aus, Auto; …

A   V   U   F   S

4. Schreibt zu den Buchstaben immer zwei Wörter aus der Wörterliste auf, die euch gut gefallen. Notiert auch, auf welchen Seiten ihr sie gefunden habt.

J   W   K   P   O

Wörter nachschlagen nach dem ersten und zweiten Buchstaben

 Die Wörter in einem Wörterbuch sind nach dem Alphabet geordnet. Wenn Wörter mit demselben Buchstaben beginnen, musst du beim Nachschlagen auf den zweiten Buchstaben achten.

1. Ordne nach dem Abc.
Schreibe so: Beate, Britt, ...
Ulrich, Stefan, Britt, Sven, Beate, Ursula

2. Welches Wort findest du nicht in der Wörterliste für die 2. Klasse? Schreibe es auf.
suchen, sonst, Sandale, Sieger

3. Schreibe alle Wörter auf, die so beginnen:
Co Kü dr Zo

4. Auf welcher Seite findest du diese Wörter?
Schreibe so: aus, S. 40; ...
aus, süß, Nagel, wo, Iglu

5. Finde die Namen der Geschirr- und Besteckteile in der Wörterliste.
Schreibe so: Tasse, S. 90; ...
Ta✲✲, Te✲✲, Ga✲✲, Me✲✲, Lö✲✲

Selbstlaute und Mitlaute

Das Alphabet besteht aus Selbstlauten und Mitlauten. Die Selbstlaute heißen **a, e, i, o, u**. Sie bringen die Wörter zum Klingen. Bei den Mitlauten klingt immer ein anderer Laut mit.

1. Finde Süßigkeiten, die mit den Mitlauten L, S oder E beginnen: Lutscher, ...

2. Finde alle Monatsnamen mit dem Mitlaut J.

3. Finde die passenden Wörter.
Schreibe so: Sofa, S. 86; ...

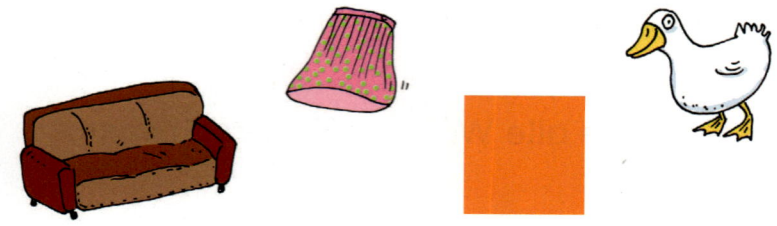

4. Sucht immer zwei Wörter, die so beginnen:
ta te ti to tu

5. Finde die Selbstlaute zu den Wörtern.
Schreibe so: Stift, S. 89; ...
St*ft, B*by, *st, *nt*

Selbstlaute: Doppellaute

 Die Doppellaute **au, ei** und **eu** bestehen aus zwei Selbstlauten.

1. Suche zu den Buchstaben jeweils drei Wörter mit au in der Wörterliste.
Schreibe so: Haus, S. 56; Hausaufgabe, S. 56; Haut, S. 56; ...

H B R T

2. Sammelt zwanzig Wörter mit ei oder Ei .

3. Welcher Doppellaut steckt in jedem dieser Wörter?
Schreibe so: Euro, S. 48; ...

4. Welcher Doppellaut fehlt hier?
Schreibe die Wörter richtig auf: laufen, ...
l**fen, bl**ben, gr**fen, fr**ren, k**fen

Selbstlaute: Umlaute

 Aus den Selbstlauten **a, o, u** können die Umlaute **ä, ö** und **ü** werden. Auch **ä, ö** und **ü** sind Selbstlaute.

1. Ergänze die Wörter.
Schreibe so: die Früchte, S. 52; …
die Frucht – die Fr*chte, die Gans – die G*nse,
der Zahn – die Z*hne, der Frosch – die Fr*sche

2. Finde den richtigen Umlaut: Flügel, …
Fl*gel, R*ssel, S*ge, tr*sten

3. Sammelt acht Wörter mit ä, ö oder ü, die ausdrücken, wie etwas oder jemand ist:
schön, …

4. Findet zehn Wörter für Tätigkeiten mit ü. Notiert auch, auf welchen Seiten ihr sie gefunden habt.

5. Wie heißt das nachfolgende Wort in der Wörterliste? Schreibe es so: Wurzel – Wüste; …
Wurzel, Sturm, Mantel, Hotel, Boot

6. Ergänze die Umlaute: ärgern, …
*rgern, f*nfzig, zw*lf, G*nsebl*mchen

Selbstlaute: i und ie

 Ein lang gesprochenes **i** wird meistens **ie** geschrieben.

1. Ergänze die Reimwörter. Schreibe so:
schief, S. 82; …

Brief	Giebel	vier	schieben
sch**	Zw**	T**	s**

2. Wie heißt das davor stehende Wort in der Wörterliste? Schreibe so: frieren, …
frisch, Silvester, Zwiebel, lila

3. Sucht bei diesen Buchstaben alle Wörter mit **ie**:
D L F

4. Findest du die Wörter mit **ie**? Schreibe so:
Stiefel, S. 89; …

5. Sucht vier Wörter mit **ie**, die Tätigkeiten ausdrücken: lieben, S. 66; …

6. Wie heißen die Wörter richtig?
B**ne, D**nstag, R**se, Fr**den, W**se

Mitlaute am Wortanfang oder Wortende: B/b, D/d und G/g

 Die Mitlaute **B/b, D/d** und **G/g** musst du am Wortanfang ganz deutlich sprechen, damit du sie von **P/p, T/t** und **K/k** unterscheiden kannst.
Am Wortende hörst du **b, d** und **g** besser, wenn du das Wort verlängerst: Bild – Bilder.

1. Schlage die Wörter mit B/b , D/d und G/g nach: Brot, …
*rot, *reißig, *lücklich, *las, *ick, *raun, *ern

2. Finde die richtigen Reimwörter. Schreibe so:
Glocke, S. 54; …

Locke	kaum	schlürfen	platt
Gl**	B**	d**	gl**

3. Ergänze den richtigen Buchstaben. Verlängere das Wort, höre genau und schlage nach.
Schreibe so: Donnerstage → Donnerstag, S. 45; …
Donnersta*, gifti*, Ber*, lusti*, frem*

4. Ergänze zu allen Tagen der Woche die Verlängerung und notiere die Seitenzahl der Wörterliste dazu: der Montag – die Montage …

Mitlaute: St/st

 Die Mitlaute **St/st** hören wir am Wortanfang oft als *Scht/scht*, wie z.B. bei Stein. In der Wortmitte oder am Wortende klingen sie oft einzeln: Fenster, Gespenst.

1. Sprich die Wörter deutlich, schlage sie nach und schreibe so: Post, S. 76; …
Post, Osterei, Wüste, fast, Ast, August

2. Notiere die du-Form. Was fällt dir auf?

finden	lieben	zeichnen	sollen
du f**	du l**	du z**	du s**

3. Findet beim Buchstaben **S** 15 Wörter, bei denen ihr am Wortanfang St/st schreibt, aber *Scht/scht* sprecht: Stadt, …

4. Finde Reimwörter mit St/st. Schlage nach, ob sie groß- oder kleingeschrieben werden. Schreibe so: Stern, S. 88; …
gern, blinken, Park, Bein, Knall

5. Wie heißen die verwandten Wörter?
durstig – der ***, ängstlich – die ***, festlich – das ***

Mitlaute: Sch/sch

 Die Mitlaute **Sch/sch** werden als ein Laut gesprochen.

1. Finde die Wörter. Schreibe so: hübsch, S. 58; …
hüb**, **recklich, komi**, ku**eln

2. Schreibe die Wörter vollständig auf.
Welche findest du nicht in der Wörterliste?
Unterstreiche sie. Schreibe so: mischen, zischen,
wischen, …

m
z —ischen
w

r
⟩utschen
l

Fl
M—asche
T

3. Findet 20 Wörter mit Sch/sch am Wortanfang.

4. Ergänze die Wörter mit Sch/sch. Auf
welchen Seiten der Wörterliste findest du
die unterstrichenen Wörter? Schreibe so:
Geschenk, S. 53; …
Ge**enk, **enken, ge**enkt,
Quat**, quat**en, gequat**t
**lag, **lagen, **lagzeug

Mitlaute: Sp/sp

 Die Mitlaute **Sp/sp** hören und sprechen wir am Wortanfang und in zusammengesetzten Wörtern oft wie *schp*.

1. Finde die Wörter mit Sp. Schreibe so:
Spatz, S. 87; …

2. Schreibe die Wörter mit der Seitenzahl der Wörterliste auf. Unterstreiche das Wort, in dem du s und p als einzelne Laute hörst.

3. Findet zu diesen Wörtern jeweils ein Verb mit sp. Schreibt so: spüren, S. 88; ….
Gespür, Beispiel, Spinne, Gespräch, Sprung

4. Finde ein passendes Reimwort mit Sp/sp. Achte auf die Groß- und Kleinschreibung.
Sitz, rinnen, Satz, Tiegel

Mitlaute: -nk und -ng

 Ob ein Wort am Ende mit **-ng** oder mit **-nk** geschrieben wird, kannst du hören, wenn du das Wort verlängerst: Ring – Ringe, er sank – sie sanken, schlank – schlanke Beine.

1. Finde die Wörter in der Wörterliste. Notiere die Seitenzahl und schreibe ein verwandtes Wort dazu. Unterstreiche nk . Schreibe so: links, S. 66, linke; ...

links, krank, Lenker, trinken, winken

2. Finde die Wörter in der Wörterliste. Notiere die Seitenzahl und schreibe ein verwandtes Wort dazu. Unterstreiche ng . Schreibe so: Känguru, S. 61, Kängurus; ...

Känguru, hungrig, orange, Pfingsten, lang

3. Verlängere: Punkt – Punkte, S. 76; ...

Punkt, Rechnung, schlank, Ring, Schrank

4. Findet passende Verben: fangen, S. 49; ...

der Fang, der Zank, das Geschenk, der Dank, der Gesang

Doppelte Mitlaute

 Oft folgen auf einen kurz gesprochenen Selbstlaut zwei gleiche Mitlaute. Wir nennen sie doppelte Mitlaute.

1. Mache unter einen kurz gesprochenen Selbstlaut einen Punkt und unter einen lang gesprochenen einen Strich. Übermale den doppelten Mitlaut.

Löwe – Löffel, Mutter – Mut, Ton – Topf, Bad – Ball, mehr – Messer

2. Finde die Wörter in der Wörterliste für die 2. Klasse. Schreibe so: Qualle, S. 77; …

3. Ergänzt die Sätze mit passenden Wörtern. Schreibt so: Affen können gut klettern (S. 63).

Affen können gut ✳✳✳.
Ein Delfin kann schnell ✳✳✳.
Eine Ziege muss gute Kräuter ✳✳✳.
Der Gepard kann am schnellsten ✳✳✳.

Mitlaute: ß und ss

 Nach einem lang gesprochenen Selbstlaut oder Doppellaut schreiben wir **ß**.
Nach einem kurz gesprochenen Selbstlaut schreiben wir **ss**.

1. Schlage die Wörter nach. Mache unter einen kurz gesprochenen Selbstlaut einen Punkt und unter einen lang gesprochenen einen Strich. Übermale ß und ss mit verschiedenen Farben.
wi✳✳en, sü✳, Nu✳, gro✳, Fu✳, flü✳✳ig

2. Finde die Wörter. Schreibe so: der Fußball, S. 52; ...

3. Findet alle Wörter mit ß beim Buchstaben G.

4. Aus welchen Wörtern sind diese Nomen zusammengesetzt? Schreibt so: Nusskuchen = Nuss (S. 73) + Kuchen (S. 64); ...
Nusskuchen, Spaßvogel, Süßschnabel

5. Finde die Wörter. Schreibe so: heißen, S. 56; ...
hei✳en, drau✳en, flei✳ig, wei✳, flie✳en

Nomen: Einzahl und Mehrzahl

 Nomen sind Wörter für Menschen, Tiere, Pflanzen und Dinge. Es gibt sie in der Einzahl und in der Mehrzahl. Wir schreiben sie groß.

1. Finde zehn Nomen für Tiere. Schreibe so: Ameise, S. 38; …

2. Finde zehn Nomen für Essen oder Getränke. Schreibe so: Gurke, S. 55; …

3. Finde acht Nomen für Kleidungsstücke. Schreibe so: Jeans, S. 60; …

4. Findet diese Nomen in der Wörterliste und schreibt sie mit ihrer Mehrzahl auf:
Boot − Boote, S. 42; …
Boot, Clown, Delfin, Waffel, Gummibärchen, Rakete, Pfote, Zwieback

5. Bilde zu diesen Nomen die Einzahl und überprüfe mit der Wörterliste.
Äpfel, Höfe, Gläser, Hühner, Königinnen, Schätze, Mäuse, Pizzen

Nomen: Bestimmte und unbestimmte Begleiter

 Ein Nomen kann einen bestimmten Begleiter (Artikel) haben: **der, die** oder **das**. Es gibt auch unbestimmte Begleiter: **ein, eine**. In der Mehrzahl gibt es nur einen bestimmten Begleiter: **die**.

1. Finde die Nomen in der Wörterliste.
Schreibe sie so mit Begleiter in der Einzahl und in der Mehrzahl auf: die Flöte – die Flöten, S. 50; …
Flöte, Trommel, Geige, Trompete, Klavier

2. Sucht beim Buchstaben **P** zehn Nomen, die ihr gerne mögt, und schreibt sie mit bestimmtem und unbestimmtem Begleiter auf.

3. Schreibe die Nomen mit Begleiter und Seitenzahl auf: der Pilz, S. 75; …

4. Schreibe die Nomen mit bestimmten Begleitern in der Einzahl und in der Mehrzahl auf.
OASEROBOTERVITAMINYACHTZOO

Verben: Grundform und Personalformen

 Verben drücken aus, was jemand tut. In der Grundform endet das Verb meist auf **-en**. Verben können sich verändern: ich lache, du lachst, er lacht, wir lachen, ihr lacht, sie lachen. Diese Formen nennt man Personalformen.

1. Schlage die Verben nach und notiere die Seitenzahl. Schreibe auch das nächste Verb in der Wörterliste auf.
quieken, joggen, bluten, ärgern, schmusen

2. Findet alle Verben beim Buchstaben **J** und schreibt sie in der Grundform und in der du-Form auf: jagen – du jagst; …

3. Findet zu jedem Buchstaben drei Verben und schreibt sie in der Grundform, in der ich-Form und in der wir-Form auf.
D   F   W   L

4. Finde zu den Verben die Grundform. Schreibe so: ich lache, lachen, S. 65; …
ich lache, du schaukelst, sie spricht, er verrät, du wächst, er bellt, ihr knetet, du rodelst

Adjektive

 Adjektive drücken aus, wie etwas ist.
Sie helfen, Dinge zu beschreiben oder zu
unterscheiden.

1. Ordnet die Gegensatzpaare. Schreibt so:
langsam (S. 65) – schnell (S. 84); …
langsam, klein, tief, groß, reich, dunkel, schnell,
hell, arm, hoch

2. Finde alle Adjektive beim Buchstaben K.

3. Finde fünf Adjektive, mit denen du deine
Lehrerin oder deinen Lehrer beschreiben
kannst. Schreibe so: lieb, S. 66; …

4. Welches Adjektiv steht nach diesen Wörtern in
der Wörterliste?
Teppich, Stift, noch, Koffer, müssen

5. Findet in der Wörterliste Adjektive, die diese
Früchte genauer beschreiben. Schreibt so:
Zitrone → gelb, S. 53; sauer, S. 82; …
Zitrone, Erdbeere, Ananas, Kiwi

Silben

 Wörter bestehen aus Silben. Wir hören sie beim Klatschen und beim Trennen: Te-le-fon.

1. Lies und klatsche die Silben. Schreibe die Wörter so auf: Me–lo–ne (S. 69); …

Melone, Himbeere, Pflaume, Nuss

2. Finde die Wörter in der Wörterliste für die 2. Klasse. Klatsche und male Silbenbögen unter jedes Wort.

3. Setze die Nomen aus den Silben zusammen. Notiere auch, auf welchen Seiten sie in der Wörterliste stehen.

be-bee-Erd-Erb-Gur-ke-ma-re-se-te-To-Trau

4. Findet in der Wörterliste je drei passende Wörter zu diesen Silbenbögen. Notiert auch, auf welchen Seiten ihr sie gefunden habt.

Klasse 3/4

So findest du alle Wörter im Wörterbuch

Mit dem Wörterbuch arbeiten – für Klasse 3 und 4

In der Wörterliste speziell für die Klassen 3 und 4
(S. 130–263) sind alle Wörter nach dem Alphabet
geordnet.

Nomen sind in der Einzahl (Singular) und in der Mehrzahl
(Plural) abgedruckt: der **Aal**, die Aale.

Verben stehen in der Grundform, in einer Gegenwartsform
(Präsens), in einer Vergangenheitsform (Präteritum) und
als Partizip in der Liste: ab|fah|ren, fährt ab, fuhr ab, abge-
fahren.

Ändert sich bei Verben der Wortstamm im Präsens,
Präteritum oder im Partizip, findest du diese Wörter auch
einzeln in der Wörterliste. Ein Verweis führt dich zur
Grundform: er **gibt** (→ geben).

Adjektive findest du in der Grundform. Verändert sich beim
Steigern der Wortstamm des Adjektivs, dann sind auch
diese Formen aufgeführt: **arm**, ärmer, am ärmsten

Diese Zeichen findest du im Wörterbuch:

→ Das Wort nach dem Pfeil ist die Grundform. Sieh auch
an dieser Stelle nach.

↔ Dieses Wort ist das Gegenteil oder ein Gegensatz zu
dem davor stehenden Wort.

(Erläuterung) In den runden Klammern steht eine
| Erläuterung oder Erklärung zu einem Wort.
Hier kannst du das Wort trennen. Manchmal gibt es
dafür verschiedene Möglichkeiten.

Wiederholung: Ordnen und Nachschlagen nach den ersten beiden Buchstaben

1. Ordne die Wörtertürme nach dem Abc.

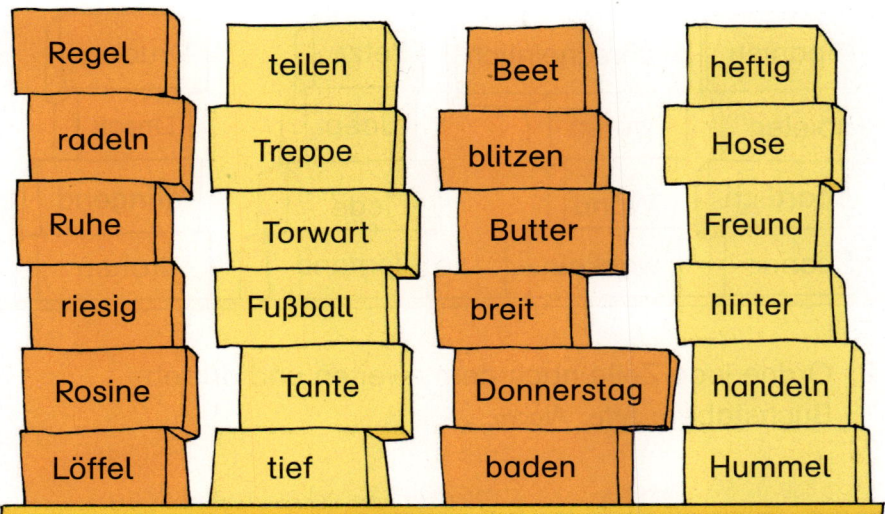

Regel	teilen	Beet	heftig
radeln	Treppe	blitzen	Hose
Ruhe	Torwart	Butter	Freund
riesig	Fußball	breit	hinter
Rosine	Tante	Donnerstag	handeln
Löffel	tief	baden	Hummel

2. Setzt die Silben zu Wörtern zusammen. Überprüft mit der Wörterliste und ordnet die Wörter nach dem Abc.
trei-, -tig, Lö-, -ken, tan-, Tie-, -ben, -fe, la-, -chen, le-, -we, lus-, -fel, Teu-, -sen

3. Finde die Wörter und ordne sie nach dem Abc.
Esel, S. 158, ...

Ordnen und Nachschlagen nach dem dritten Buchstaben

1. Ordne die Wörtertürme nach dem Abc.

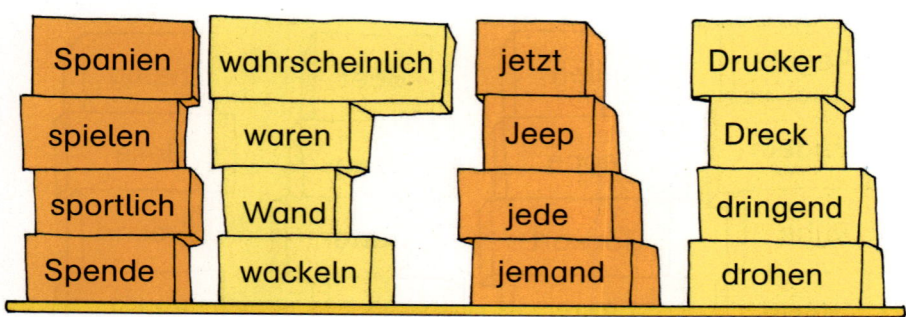

Spanien
spielen
sportlich
Spende

wahrscheinlich
waren
Wand
wackeln

jetzt
Jeep
jede
jemand

Drucker
Dreck
dringend
drohen

2. Ordne jede Zeile nach dem zweiten und dritten Buchstaben: *Affe, Alarm, ...*

Alpen   Affe   als   Alarm   albern
Miene   mich   mein   Mikrofon   mild
gleich   Glocke   glauben   ging   glitzern
Zirkus   zischen   ziehen   Zimmer   Zeug

3. Findet die Wörter in der Wörterliste und ordnet sie so nach dem Alphabet: *Fledermaus, S. 162, ...*

Ordnen und Nachschlagen nach dem vierten und folgenden Buchstaben

1. Ordne die Wörter jeder Zeile nach dem Alphabet. Überprüfe mit der Wörterliste.

Erdteil   Erdnuss   Erdkunde   Erdbeere   Erde

besuchen   Besteck   bestimmt   besser   Besitzer

muss   musizieren   Muskel   Muster   Musik

2. Ordnet die Wörter nach dem Abc. Achtet auf die Wortanfänge schau-, schie-, schn- und schw- .

Schnitzel, Schaufel, Schiedsrichter, schwarz, schief, Schnorchel, schwatzen, Schaum, Schaukel, schweben, Schnupfen, Schiene, Schweden, schießen, schauen

3. Findet diese Wörterfolgen in der Wörterliste, ergänzt die fehlenden Wörter und notiert die Seitenzahlen dazu. Schreibt so: streng, strenge, Stress, streuen, streunen, Streusel, S. 235, …

streng … Streusel, Handlung … Handy, Eisbär … eiskalt, Traube … traurig

4. Suche in der Wörterliste alle Wörter, die so beginnen. Auf welcher Seite hast du sie gefunden? Schreibe so: Dien => Diener, Dienst, Dienstag, S. 149, …

Dien-, Hol-, Sonn-, Alt-, Medi-

5. In welcher Reihenfolge stehen die Wörter in der Wörterliste?

Schirm, stinken, Spinne, singen, Spinat, Schinken, Sinn

Das Nachschlagewort finden (Nomen und Verben)

 Namenwörter suchen wir im Wörterbuch in der Einzahl, Tunwörter in der Grundform.

1. Sucht das Nachschlagewort in der Einzahl.
Legt eine Tabelle nach dem Abc an.
die Märkte, die Pfunde, die Töchter, die Sprays,
die Söhne, die Anfänge, die Badeanzüge, die Büsche

Einzahl	Mehrzahl	Seite
der Markt	die Märkte	S. 198

2. Suche das Nachschlagewort in der Grundform.
Notiere alle Formen des Tunworts. Schreibe so:
räumen, räumt, räumte, geräumt, S. 213, …
räumt, quietscht, quakst, presst, schreibt, trabst, wirft,
wächst, bricht, zupfst, berät, darfst, fährst, fällt, frisst

3. Ordnet die gefundenen Grundformen von Aufgabe 2
nach dem Abc: beraten, brechen, …

4. Arbeite wie in Aufgabe 2.
log, hatte, sang, glitzerte, gab, rannte, sah, schnitt,
sparte, griff, hing, grunzte, krächzte, lief

5. Ordne die gefundenen Grundformen von Aufgabe 4
nach dem Abc: geben, greifen, …

Das Nachschlagewort finden bei zusammengesetzten Wörtern

1. Diese Wörter sind aus einem Verb und einem Nomen zusammengesetzt. Finde diese Verben und Nomen in der Wörterliste. Schreibe so:
Reitpferd ⇒ reiten (S. 215) + Pferd (S. 209), ...
Reitpferd, Eilbrief, Strafzettel, Stechmücke, Glühlampe

2. Diese Wörter sind aus einem Adjektiv und einem Nomen zusammengesetzt. Finde diese Adjektive und Nomen in der Wörterliste. Schreibe so:
Schnellzug ⇒ schnell (S. 223) + Zug (S. 262), ...
Schnellzug, Braunbär, Nacktschnecke, Süßkartoffel

3. Das Fugen-s verbindet zwei Nomen: das Leben + der Raum = der Lebensraum. Findet heraus, aus welchen Nomen die folgenden Wörter zusammengesetzt sind, und schreibt auch die Seiten der Wörterliste dazu, auf denen ihr sie gefunden habt.
Weihnachtsstern, Jahreszahl, Arbeitsplatz, Gesellschaftsspiel, Kapitänsmütze, Adventskranz

4. Zerlegt die zusammengesetzten Tunwörter in ihre Wortbausteine und schlagt nach.
Notiert: ausmessen → aus (S. 135) + messen (S. 199), ...
ausmessen, überlassen, zusagen, aufgehen, davonrennen, vorspielen, nachfahren, ansprechen, hergeben, wegnehmen

A B C D E F G H I J K L M N O P Q R S T U V W X Y Z

A

der **Aal,** die Aale

das **Aas** *(Körper eines toten Tieres)*

ab

das **Abc**

der **Abend,** die Abende

abends

das **Aben|teu|er,** die Abenteuer

aber

der **Aber|glau|be**

ab|fah|ren, fährt ab, fuhr ab, abgefahren

die **Ab|fahrt,** die Abfahrten

der **Ab|fall,** die Abfälle

der **Ab|ge|ord|ne|te,** die Abgeordneten

die **Ab|ge|ord|ne|te,** die Abgeordneten

ab|ge|schlos|sen (→ abschließen)

ab|ge|schnit|ten (→ abschneiden)

ab|ge|schrie|ben (→ abschreiben)

der **Ab|grund,** die Abgründe

ab|hän|gig

ab|ho|len, holt ab, holte ab, abgeholt

das **Abi|tur** *(Abschlussprüfung im Gymnasium)*

die **Ab|kür|zung,** die Abkürzungen

ab|leh|nen, lehnt ab, lehnte ab, abgelehnt

die **Ab|leh|nung,** die Ablehnungen

das **Abon|ne|ment,** die Abonnements *(Dauerbezug, z.B. für eine Zeitung, oder Dauermiete, z.B. für einen Platz im Theater)*

abon|nie|ren, abonniert, abonnierte, abonniert

die **Ab|sa|ge,** die Absagen

ab|sa|gen, sagt ab, sagte ab, abgesagt

zu **Abend/abends:**

Großschreibung:
- am Abend
- Es wird Abend.
- gestern, heute, morgen Abend

Kleinschreibung:
- von morgens bis abends
- um 7 Uhr abends
- dienstagabends

ab|schi|cken, schickt ab, schickte ab, abgeschickt

der Ab|schied, die Abschiede

ab|schlie|ßen, schließt ab, schloss ab, abgeschlossen

ab|schnei|den, schneidet ab, schnitt ab, abgeschnitten

ab|schrei|ben, schreibt ab, schrieb ab, abgeschrieben

der Ab|sen|der, die Absender

die Ab|sicht, die Absichten

ab|stel|len, stellt ab, stellte ab, abgestellt

ab|stim|men, stimmt ab, stimmte ab, abgestimmt

die Ab|stim|mung, die Abstimmungen

das Ab|teil, die Abteile

ab|wa|schen, wäscht ab, wusch ab, abgewaschen

die Ach|se, die Achsen

die Ach|sel, die Achseln

acht

ach|ten, achtet, achtete, geachtet

die Ach|tung

acht|zehn

acht|zig

der Acker, die Äcker

die Ac|tion (englisches Wort für eine spannende Handlung, z.B. im Film)

ad|die|ren, addiert, addierte, addiert

die Ad|di|ti|on, die Additionen

die Ader, die Adern

das Ad|jek|tiv, die Adjektive (Wortart: Eigenschaftswort)

der Ad|ler, die Adler

ad|op|tie|ren, adoptiert, adoptierte, adoptiert (ein Kind aufnehmen, das nicht bei seinen eigenen Eltern leben kann)

die Ad|op|ti|on, die Adoptionen

die Ad|res|se, die Adressen

der Ad|vent

der Ad|vents|kranz, die Adventskränze

der Af|fe, die Affen

Af|ri|ka

 zu **acht:**

Ziffern und Buchstaben:
- achtteilig = 8-teilig
- achtmal = 8-mal
- achtjährig = 8-jährig

A
B
C
D
E
F
G
H
I
J
K
L
M
N
O
P
Q
R
S
T
U
V
W
X
Y
Z

A
B
C
D
E
F
G
H
I
J
K
L
M
N
O
P
Q
R
S
T
U
V
W
X
Y
Z

ag|gres|siv *(angriffslustig)*

ah|nen, ahnt, ahnte, geahnt

ähn|lich

die Ah|nung, die Ahnungen

die Äh|re, die Ähren

Aids *(eine gefährliche Krankheit)*

der Ak|ku|sa|tiv *(4. Fall, Wenfall)*

der Ak|ro|bat, die Akrobaten

die Ak|ro|ba|tin, die Akrobatinnen

ak|tiv *(↔ passiv)*

ak|tu|ell

der Alarm, die Alarme

al|bern

die Al|bern|heit, die Albernheiten

das Al|bum, die Alben

der Al|ko|hol

Al|lah

al|le, alles

die Al|lee, die Alleen *(baumbestandene Straße)*

al|lein

al|ler|dings

all|mäh|lich

die Al|pen

das Al|pha|bet

als

al|so

alt, älter, am ältesten *(↔ jung)*

der Al|tar, die Altäre

das Al|ter

die Al|ter|na|ti|ve, die Alternativen *(eine von zwei oder mehr Möglichkeiten, zwischen denen man wählen kann)*

das Alu|mi|ni|um *(ein Leichtmetall)*

am

die Amei|se, die Ameisen

Ame|ri|ka

ame|ri|ka|nisch

die Am|pel, die Ampeln

die Am|sel, die Amseln

an

die Ana|nas, die Ananasse

das An|den|ken, die Andenken

an|de|re, anderer, anderes

än|dern, ändert, änderte, geändert

an|ders

der An|fang, die Anfänge

an|fan|gen, fängt an, fing an, angefangen

der An|fän|ger, die Anfänger

die An|fän|ge|rin, die Anfängerinnen

an|ge|ben, gibt an, gab an, angegeben

an|ge|grif|fen (→ angreifen)

der An|ge|klag|te, die Angeklagten

die An|ge|klag|te, die Angeklagten

die An|gel, die Angeln

an|geln, angelt, angelte, geangelt

an|ge|zo|gen (→ anziehen)

an|grei|fen, greift an, griff an, angegriffen

die Angst, die Ängste

ängst|lich (↔ mutig, tapfer)

an|hal|ten, hält an, hielt an, angehalten

der An|ker, die Anker

der An|lauf, die Anläufe

an|ma|len, malt an, malte an, angemalt

der Ano|rak, die Anoraks

an|pro|bie|ren, probiert an, probierte an, anprobiert

der An|ruf, die Anrufe

an|ru|fen, ruft an, rief an, angerufen

an|schau|en, schaut an, schaute an, angeschaut

an|schei|nend

die An|schrift, die Anschriften

an|statt

sich an|stren|gen, strengt sich an, strengte sich an, hat sich angestrengt

die An|stren|gung, die Anstrengungen

die An|ten|ne, die Antennen

die Ant|wort, die Antworten

ant|wor|ten, antwortet, antwortete, geantwortet

die An|zahl

die An|zei|ge, die Anzeigen

an|zie|hen, zieht an, zog an, angezogen

der An|zug, die Anzüge

an|zün|den, zündet an, zündete an, angezündet

der Ap|fel, die Äpfel

die Ap|fel|si|ne, die Apfelsinen

die Apo|the|ke, die Apotheken

der Ap|pa|rat, die Apparate

der Ap|pe|tit

der Ap|plaus

die Ap|ri|ko|se, die Aprikosen

der Ap|ril

das Aqua|ri|um, die Aquarien

der Äqua|tor (größter Breitenkreis der Erde)

die Ar|beit, die Arbeiten

A
B
C
D
E
F
G
H
I
J
K
L
M
N
O
P
Q
R
S
T
U
V
W
X
Y
Z

ar|bei|ten, arbeitet,
arbeitete, gearbeitet

der Ar|bei|ter, die Arbeiter

die Ar|bei|te|rin,
die Arbeiterinnen

ar|beits|los

der Ar|chi|tekt,
die Architekten

die Ar|chi|tek|tin,
die Architektinnen

der Är|ger

är|ger|lich

är|gern, ärgert, ärgerte,
geärgert

der Arm, die Arme

arm, ärmer, am ärmsten
(↔ reich)

die Ar|mut

die Art, die Arten

der Ar|ti|kel, die Artikel (Wortart:
Begleiter eines Nomens)

der Ar|tist, die Artisten

die Ar|tis|tin, die Artistinnen

der Arzt, die Ärzte

die Ärz|tin, die Ärztinnen

die Asche

Asi|en

der As|phalt (ein Straßenbelag)

sie aß (→ essen)

der Ast, die Äste

der As|tro|naut (Ast|ro|naut),
die Astronauten
(Weltraumfahrer)

die As|tro|nau|tin
(Ast|ro|nau|tin),
die Astronautinnen

das Asyl (sicherer Zufluchtsort)

der At|lan|tik

der At|las, die Atlanten

at|men, atmet, atmete,
geatmet

die At|mo|sphä|re (Lufthülle
um die Erde)

das Atom, die Atome (kleinstes
Teilchen eines chemischen
Elements)

auch

auf

auf|ei|nan|der
(auf|ein|an|der)

auf|fal|len, fällt auf,
fiel auf, aufgefallen

auf|füh|ren, führt auf,
führte auf, aufgeführt

die Auf|ga|be, die Aufgaben

auf|ge|ben, gibt auf,
gab auf, aufgegeben

auf|ge|stan|den
(→ aufstehen)

auf|hö|ren, hört auf,
hörte auf, aufgehört

auf|merk|sam

die Auf|merk|sam|keit

auf|pas|sen, passt auf, passte auf, aufgepasst

auf|pum|pen, pumpt auf, pumpte auf, aufgepumpt

auf|räu|men, räumt auf, räumte auf, aufgeräumt

sich auf|re|gen, regt sich auf, regte sich auf, hat sich aufgeregt

die Auf|re|gung

der Auf|satz, die Aufsätze

auf|ste|hen, steht auf, stand auf, aufgestanden

der Auf|trag, die Aufträge

auf|we|cken, weckt auf, weckte auf, aufgeweckt

der Auf|zug, die Aufzüge

das Au|ge, die Augen

der Au|gen|blick, die Augenblicke

die Au|gen|braue, die Augenbrauen

die Au|gen|far|be, die Augenfarben

der Au|gust

die Au|la, die Aulas (Fest- oder Versammlungssaal)

aus

die Aus|bil|dung, die Ausbildungen

der Aus|druck, die Ausdrücke

aus|dru|cken, druckt aus, druckte aus, ausgedruckt

aus|ei|nan|der (aus|ein|an|der)

der Aus|flug, die Ausflüge

der Aus|gang, die Ausgänge

aus|ge|lie|hen (→ ausleihen)

aus|ge|schnit|ten (→ ausschneiden)

aus|ge|zo|gen (→ ausziehen)

die Aus|kunft, die Auskünfte

aus|la|chen, lacht aus, lachte aus, ausgelacht

das Aus|land

der Aus|län|der, die Ausländer

die Aus|län|de|rin, die Ausländerinnen

aus|lei|hen, leiht aus, lieh aus, ausgeliehen

die Aus|nah|me, die Ausnahmen

aus|nahms|wei|se

der Aus|puff, die Auspuffe

die Aus|re|de, die Ausreden

A
B
C
D
E
F
G
H
I
J
K
L
M
N
O
P
Q
R
S
T
U
V
W
X
Y
Z

A

B

C

D

E

F

G

H

I

J

K

L

M

N

O

P

Q

R

S

T

U

V

W

X

Y

Z

sich **aus|ru|hen,** ruht sich aus, ruhte sich aus, hat sich ausgeruht

aus|schnei|den, schneidet aus, schnitt aus, ausgeschnitten

aus|se|hen, sieht aus, sah aus, ausgesehen

au|ßen

au|ßer

au|ßer|dem

sich **äu|ßern,** äußert sich, äußerte sich, hat sich geäußert

die **Äu|ße|rung,** die Äußerungen

die **Aus|sicht,** die Aussichten

aus|stel|len, stellt aus, stellte aus, ausgestellt

die **Aus|stel|lung,** die Ausstellungen

Aus|tra|li|en (**Aust|ra|li|en**)

aus|tra|lisch (**aust|ra|lisch**)

die **Aus|wahl**

aus|wäh|len, wählt aus, wählte aus, ausgewählt

der **Aus|weis,** die Ausweise

aus|wen|dig

aus|zie|hen, zieht aus, zog aus, ausgezogen

das **Au|to,** die Autos

die **Au|to|bahn,** die Autobahnen

der **Au|to|fah|rer,** die Autofahrer

die **Au|to|fah|re|rin,** die Autofahrerinnen

das **Au|to|gramm,** die Autogramme

der **Au|to|mat,** die Automaten

au|to|ma|tisch

der **Au|tor,** die Autoren

die **Au|to|rin,** die Autorinnen

die **Axt,** die Äxte

B

das **Ba|by,** die Babys

der **Bach,** die Bäche

die **Ba|cke,** die Backen

ba|cken, backt/bäckt, backte/buk, gebacken

der **Bä|cker,** die Bäcker

die **Bä|cke|rei,** die Bäckereien

der **Back|ofen,** die Backöfen

sie **bäckt** (→ backen)

das **Bad,** die Bäder

der **Ba|de|an|zug,**
die Badeanzüge

die **Ba|de|ho|se,**
die Badehosen

ba|den, badet, badete,
gebadet

Ba|den-Würt|tem|berg

die **Ba|de|wan|ne,**
die Badewannen

das **Ba|de|zim|mer,**
die Badezimmer

der **Bag|ger,** die Bagger

die **Bahn,** die Bahnen

der **Bahn|hof,** die Bahnhöfe

der **Bahn|steig,** die Bahnsteige

die **Bak|te|rie,**
die Bakterien

bald

der **Bal|ken,** die Balken

der **Bal|kon,** die Balkons

der **Ball,** die Bälle

das **Bal|lett**

der **Bal|lon,** die Ballons

die **Ba|na|ne,** die Bananen

er **band** (→ binden)

das **Band,** die Bänder

die **Band,** die Bands
*(englisches Wort für eine
Musikgruppe)*

die **Bank,** die Bänke

der **Bär,** die Bären

bar|fuß

das **Ba|ro|me|ter,**
die Barometer
(Luftdruckmesser)

der **Bart,** die Bärte

der **Bas|ket|ball,**
die Basketbälle

bas|teln, bastelt, bastelte,
gebastelt

sie **bat** (→ bitten)

die **Bat|te|rie,** die Batterien

der **Bauch,** die Bäuche

das **Bauch|weh**

bau|en, baut, baute, gebaut

der **Bau|er,** die Bauern

die **Bäu|e|rin,** die Bäuerinnen

der **Bau|ern|hof,**
die Bauernhöfe

der **Baum,** die Bäume

bay|e|risch

Bay|ern

der **Be|am|te,** die Beamten

die **Be|am|tin,** die Beamtinnen

der **Be|cher,** die Becher

das **Be|cken,** die Becken

sich **be|dan|ken,** bedankt sich,
bedankte sich, hat sich
bedankt

be|deu|ten, bedeutet,
bedeutete, bedeutet

be|die|nen, bedient, bediente, bedient

die Be|din|gung, die Bedingungen

sich be|ei|len, beeilt sich, beeilte sich, hat sich beeilt

be|er|di|gen, beerdigt, beerdigte, beerdigt

die Be|er|di|gung, die Beerdigungen

die Bee|re, die Beeren

das Beet, die Beete

er be|fahl (→ befehlen)

der Be|fehl, die Befehle

be|feh|len, befiehlt, befahl, befohlen

be|fes|ti|gen, befestigt, befestigte, befestigt

sie be|fiehlt (→ befehlen)

be|foh|len (→ befehlen)

be|frei|en, befreit, befreite, befreit

die Be|frei|ung, die Befreiungen

be|gabt

die Be|ga|bung, die Begabungen

er be|gann (→ beginnen)

be|geg|nen, begegnet, begegnete, begegnet

die Be|geis|te|rung

be|gin|nen, beginnt, begann, begonnen

be|glei|ten, begleitet, begleitete, begleitet

die Be|glei|tung, die Begleitungen

be|gon|nen (→ beginnen)

die Be|grün|dung, die Begründungen

be|grü|ßen, begrüßt, begrüßte, begrüßt

die Be|grü|ßung, die Begrüßungen

be|hilf|lich

be|hin|dert

die Be|hin|de|rung, die Behinderungen

bei

bei|de

der Bei|fall

das Bein, die Beine

bei|na|he

das Bei|spiel, die Beispiele

bei|ßen, beißt, biss, gebissen

der Bei|trag, die Beiträge

er be|kam (→ bekommen)

be|kannt

der Be|kann|te, die Bekannten

die Be|kann|te, die Bekannten

die **Be|kannt|schaft,**
die Bekanntschaften

be|kom|men, bekommt,
bekam, bekommen

be|lei|di|gen, beleidigt,
beleidigte, beleidigt

die **Be|lei|di|gung,**
die Beleidigungen

Bel|gi|en

bel|gisch

bel|len, bellt, bellte, gebellt

be|loh|nen, belohnt,
belohnte, belohnt

die **Be|loh|nung,** die
Belohnungen

be|mer|ken, bemerkt,
bemerkte, bemerkt

die **Be|mer|kung,**
die Bemerkungen

be|nut|zen, benutzt,
benutzte, benutzt

der **Be|nut|zer,** die Benutzer

die **Be|nut|ze|rin,**
die Benutzerinnen

das **Ben|zin**

be|ob|ach|ten,
beobachtet,
beobachtete,
beobachtet

be|quem

die **Be|quem|lich|keit**

sie **be|rät** (→ beraten)

be|ra|ten, berät, beriet,
beraten

die **Be|ra|tung,** die Beratungen

be|reit

be|reits

der **Berg,** die Berge

berg|ab

berg|auf

ber|gig (↔ flach, eben)

das **Berg|werk,** die Bergwerke

der **Be|richt,** die Berichte

be|rich|ten, berichtet,
berichtete, berichtet

er **be|riet** (→ beraten)

Ber|lin

der **Be|ruf,** die Berufe

be|rühmt

sie **be|saß** (→ besitzen)

sich **be|schäf|ti|gen,**
beschäftigt sich, beschäftigte
sich, hat sich beschäftigt

die **Be|schäf|ti|gung,**
die Beschäftigungen

be|schei|den (↔ gierig,
maßlos)

die **Be|schei|den|heit**

die **Be|sche|rung,** die
Bescherungen

be|schimp|fen, beschimpft,
beschimpfte, beschimpft

A
B
C
D
E
F
G
H
I
J
K
L
M
N
O
P
Q
R
S
T
U
V
W
X
Y
Z

be|schlie|ßen, beschließt,
beschloss, beschlossen

er be|schloss
(→ beschließen)
be|schlos|sen
(→ beschließen)

der Be|schluss,
die Beschlüsse
be|schrei|ben, beschreibt,
beschrieb, beschrieben

die Be|schrei|bung,
die Beschreibungen

sie be|schrieb
(→ beschreiben)
be|schrie|ben
(→ beschreiben)
be|schüt|zen, beschützt,
beschützte, beschützt

sich be|schwe|ren, beschwert
sich, beschwerte sich, hat
sich beschwert

der Be|sen, die Besen
be|ses|sen (→ besitzen)
be|setzt
be|sich|ti|gen, besichtigt,
besichtigte, besichtigt

die Be|sich|ti|gung,
die Besichtigungen

der Be|sitz
be|sit|zen, besitzt, besaß,
besessen

der Be|sit|zer, die Besitzer
die Be|sit|ze|rin,
die Besitzerinnen
be|son|ders
be|sor|gen, besorgt,
besorgte, besorgt
bes|ser (→ gut)

das Be|steck, die Bestecke

am bes|ten (→ gut)
be|stim|men, bestimmt,
bestimmte, bestimmt
be|stimmt

der Be|such, die Besuche
be|su|chen, besucht,
besuchte, besucht

zu **am besten/
das Beste:**

Kleinschreibung:
• Es ist am besten,
wenn du anrufst.
• Anna kann von allen
am besten rechnen.
Großschreibung:
• Ich halte es für das
Beste, wenn du
anrufst.
• Anna ist die Beste
im Rechnen.

be|ten, betet, betete,
gebetet

der Be|ton

be|trach|ten, betrachtet,
betrachtete, betrachtet

der Be|trag, die Beträge

der Be|trieb, die Betriebe

er be|trog (→ betrügen)

be|tro|gen (→ betrügen)

der Be|trug

be|trü|gen, betrügt, betrog,
betrogen

der Be|trü|ger, die Betrüger

die Be|trü|ge|rin,
die Betrügerinnen

das Bett, die Betten

bet|teln, bettelt, bettelte,
gebettelt

der Bett|ler, die Bettler

die Bett|le|rin,
die Bettlerinnen

die Beu|le, die Beulen

die Beu|te

die Be|völ|ke|rung

be|vor

sich be|we|gen, bewegt sich,
bewegte sich, hat sich
bewegt

die Be|we|gung, die
Bewegungen

der Be|weis, die Beweise

be|wei|sen, beweist,
bewies, bewiesen

sie be|wies (→ beweisen)

be|wie|sen (→ beweisen)

be|zah|len, bezahlt,
bezahlte, bezahlt

die Bi|bel, die Bibeln

der Bi|ber, die Biber

die Bi|blio|thek (Bib|lio|thek),
die Bibliotheken (Bücherei)

bie|gen, biegt, bog,
gebogen

die Bie|ne, die Bienen

das Bier, die Biere

das Bild, die Bilder

der Bild|schirm,
die Bildschirme

die Bil|dung

bil|lig (↔ teuer)

ich bin (→ sein)

bin|den, bindet, band,
gebunden

die Bio|lo|gie

das Bio|top, die Biotope
(Lebensraum, in dem
nur bestimmte Arten von
Pflanzen und Tieren zu finden
sind, z.B. ein Sumpf)

die Bir|ke, die Birken

die Bir|ne, die Birnen

bis

der **Bi|schof**, die Bischöfe
bis|her
er **biss** (→ beißen)
biss|chen
bis|sig
du **bist** (→ sein)
bit|ten, bittet, bat, gebeten
bit|ter
die **Bla|se**, die Blasen
bla|sen, bläst, blies, geblasen
blass
sie **bläst** (→ blasen)
das **Blatt**, die Blätter
blät|tern, blättert, blätterte, geblättert
blau
das **Blech**, die Bleche
das **Blei**
blei|ben, bleibt, blieb, geblieben
der **Blei|stift**, die Bleistifte
der **Blick**, die Blicke
bli|cken, blickt, blickte, geblickt
er **blieb** (→ bleiben)
sie **blies** (→ blasen)
blind (↔ sehend)
der **Blind|darm**, die Blinddärme
der **Blin|de**, die Blinden

die **Blin|de**, die Blinden
blin|ken, blinkt, blinkte, geblinkt
der **Blin|ker**, die Blinker
der **Blitz**, die Blitze
blit|zen, blitzt, blitzte, geblitzt
der **Block**, die Blöcke
blöd
der **Blöd|sinn**
blond
bloß

 zu blau/Blau:

Kleinschreibung:
• ein blauer Fleck am Knie
• sein blaues Wunder erleben (= staunen)
Großschreibung:
• die Farbe Blau
• das Blau des Himmels
in Farbbezeichnungen:
• blaugrün, blaurot
getrennt *oder* zusammen:
• ein blau gestreifter Pulli *oder* ein blaugestreifter Pulli

blü|hen, blüht, blühte,
geblüht

die Blu|me, die Blumen

die Blu|se, die Blusen

das Blut

die Blü|te, die Blüten

blu|ten, blutet, blutete,
geblutet

der Blut|er|guss,
die Blutergüsse

die Blut|grup|pe,
die Blutgruppen

blu|tig

bo|ckig

der Bo|den, die Böden

er bog (→ biegen)

die Boh|ne, die Bohnen

boh|ren, bohrt, bohrte,
gebohrt

der Boh|rer, die Bohrer

die Bom|be, die Bomben

das Bon|bon, die Bonbons

das Boot, die Boote

bor|gen, borgt, borgte,
geborgt

bö|se (↔ lieb)

Bos|ni|en-Her|ze|go|wi|na

der Bo|te, die Boten

die Bot|schaft, die Botschaften

bo|xen, boxt, boxte, geboxt

der Bo|xer, die Boxer

die Bo|xe|rin, die Boxerinnen

sie brach (→ brechen)

er brach ein (→ einbrechen)

sie brach|te (→ bringen)

der Brand, die Brände

Bran|den|burg

es brann|te (→ brennen)

sie brät (→ braten)

bra|ten, brät, briet,
gebraten

die Brat|wurst, die Bratwürste

brau|chen, braucht,
brauchte, gebraucht

braun

das Brau|se|pul|ver

die Braut, die Bräute

der Bräu|ti|gam,
die Bräutigame

das Braut|kleid,
die Brautkleider

brav (↔ ungezogen)

bra|vo!

bre|chen, bricht, brach,
gebrochen

der Brei, die Breie

breit (↔ schmal)

Bre|men

die Brem|se, die Bremsen

brem|sen, bremst, bremste,
gebremst

bren|nen, brennt, brannte, gebrannt

die Brenn|nes|sel, die Brennnesseln

das Brett, die Bretter

die Bre|zel, die Brezeln

er bricht (→ brechen)

sie bricht ein (→ einbrechen)

der Brief, die Briefe

die Brief|mar|ke, die Briefmarken

der Brief|um|schlag, die Briefumschläge

er briet (→ braten)

die Bril|le, die Brillen

brin|gen, bringt, brachte, gebracht

die Brom|bee|re, die Brombeeren

die Bron|ze (eine Metallmischung)

das Brot, die Brote

das Bröt|chen, die Brötchen

der Bruch, die Brüche

die Brü|cke, die Brücken

der Bru|der, die Brüder

brü|der|lich

brül|len, brüllt, brüllte, gebrüllt

brum|men, brummt, brummte, gebrummt

der Brun|nen, die Brunnen

die Brust, die Brüste

bru|tal (↔ sanft)

das Buch, die Bücher

die Bu|che, die Buchen

die Bü|che|rei, die Büchereien

der Bü|cher|wurm, die Bücherwürmer

die Büch|se, die Büchsen

der Buch|sta|be, die Buchstaben

sich bü|cken, bückt sich, bückte sich, hat sich gebückt

der Bud|dhis|mus (Lehre Buddhas; eine Religion)

das Bü|gel|ei|sen, die Bügeleisen

bü|geln, bügelt, bügelte, gebügelt

die Büh|ne, die Bühnen

sie buk (→ backen)

Bul|ga|ri|en

bul|ga|risch

der Bu|me|rang, die Bumerangs (ein Wurfholz, das im Flug zu seinem Werfer zurückkehrt)

bum|meln, bummelt, bummelte, gebummelt

der Bun|des|kanz|ler, die Bundeskanzler

die **Bun|des|kanz|le|rin,**
die Bundeskanzlerinnen

die **Bun|des|li|ga,**
die Bundesligen

die **Bun|des|re|pu|blik**
(Bun|des|re|pub|lik)

die **Bun|des|wehr**

bunt (↔ einfarbig)

der **Bunt|stift,** die Buntstifte

die **Burg,** die Burgen

der **Bür|ger,** die Bürger

die **Bür|ge|rin,**
die Bürgerinnen

der **Bür|ger|meis|ter,**
die Bürgermeister

die **Bür|ger|meis|te|rin,**
die Bürgermeisterinnen

der **Bür|ger|steig,**
die Bürgersteige

das **Bü|ro,** die Büros

die **Bürs|te,** die Bürsten

bürs|ten, bürstet, bürstete,
gebürstet

der **Bus,** die Busse

der **Busch,** die Büsche

die **Bu|ße**

bü|ßen, büßt, büßte,
gebüßt

die **But|ter**

die **But|ter|milch**

das **Byte,** die Bytes
*(Computersprache: eine
bestimmte, sehr kleine
Datenmenge)*

 C

das **Ca|brio (Cab|rio),**
die Cabrios

cam|pen, campt, campte,
gecampt

der **Cam|ping|platz,**
die Campingplätze

die **CD,** die CDs *(Abkürzung
für englisch compact disc;
ein Speichermedium)*

der **CD-Play|er (CD-Pla|yer),**
die CD-Player

die **CD-ROM,** die CD-ROMs
*(→ CD, deren Inhalt
nicht mehr gelöscht oder
überschrieben werden kann)*

das **Cel|lo,** die Cellos
(ein Saiteninstrument)

Cel|si|us *(Einheit auf der
Temperaturskala, benannt
nach dem Schweden Anders
Celsius)*

der **Cent,** die Cents

die **Chan|ce**, die Chancen

der **Chef**, die Chefs

die **Che|fin**, die Chefinnen

die **Che|mie**

Chi|na

chi|ne|sisch

die **Chips**

der **Chor**, die Chöre

der **Christ**, die Christen

der **Christ|baum**, die Christbäume

das **Chris|ten|tum** *(eine Religion)*

die **Chris|tin**, die Christinnen

Chris|tus *(Jesus Christus; das Wort bedeutet „Gesalbter")*

die **Chro|nik**, die Chroniken *(Aufzeichnung von Ereignissen in ihrer zeitlichen Abfolge)*

ciao! *(italienischer Gruß)*

die **Ci|ty**, die Citys *(englisches Wort für Innenstadt)*

cle|ver *(englisches Wort für klug, schlau)*

der **Clown**, die Clowns

der **Club**, die Clubs

die **Co|la**, die Colas

der **Co|mic**, die Comics

der **Com|pu|ter**, die Computer

cool

die **Corn|flakes**

die **Couch**, die Couches *(Sofa)*

der **Cou|sin**, die Cousins

die **Cou|si|ne**, die Cousinen

der **Cow|boy**, die Cowboys

die **Creme**, die Cremes

der **Cur|sor**, die Cursors *(Computersprache: Bildschirmzeiger)*

D

da

da|bei

das **Dach**, die Dächer

der **Dachs**, die Dachse

er **dach|te** *(→ denken)*

sie **dach|te nach** *(→ nachdenken)*

der **Da|ckel**, die Dackel

da|durch

da|für

da|ge|gen

da|heim

da|her

da|hin
da|hin|ter
da|mals
die Da|me, die Damen
da|mit
däm|lich
der Dampf, die Dämpfe
damp|fen, dampft,
dampfte, gedampft
da|nach
da|ne|ben
Dä|ne|mark
dä|nisch
der Dank
die Dank|bar|keit
dan|ken, dankt, dankte,
gedankt
dann
da|ran (dar|an)
da|rauf (dar|auf)
da|raus (dar|aus)
er darf (→ dürfen)
da|rin (dar|in)
da|rü|ber (dar|ü|ber)
da|rum (dar|um)
das
dass (eine Konjunktion,
ein Bindewort)
das|sel|be
der Da|tiv (3. Fall, Wemfall)
das Da|tum

der Dau|men, die Daumen
da|von
da|vor
da|zu
die De|cke, die Decken
de|cken, deckt, deckte,
gedeckt
deh|nen, dehnt, dehnte,
gedehnt
die Deh|nung,
die Dehnungen
dein, deine, deiner
die De|ko|ra|ti|on,
die Dekorationen
der Del|fin, die Delfine
dem
dem|nach
dem|nächst

 zu **das/dass:**

ein _s:_
• Ich sehe das Pferd,
das _(welches)_ auf
der Wiese steht.
zwei _s:_
• Ich hoffe, dass mein
Ausritt mit dem
Pferd schön wird.

die **De|mo|kra|tie,**
die Demokratien *(eine Staatsform, bei der das Volk die Männer und Frauen wählt, die den Staat leiten)*

de|mo|kra|tisch

der **De|mons|trant (De|monst|rant),**
die Demonstranten

die **De|mons|tran|tin (De|monst|ran|tin),**
die Demonstrantinnen

die **De|mons|tra|ti|on (De|monst|ra|ti|on),**
die Demonstrationen *(Protestkundgebung)*

de|mons|trie|ren (de|monst|rie|ren),
demonstriert, demonstrierte, demonstriert

den

den|ken, denkt, dachte, gedacht

das **Denk|mal,**
die Denkmäler

denn

der

de|ren

der|je|ni|ge

der|sel|be

des

des|halb

des|sen

des|to

des|we|gen

der **De|tek|tiv,** die Detektive

deut|lich

deutsch

der **Deut|sche,**
die Deutschen

die **Deut|sche,**
die Deutschen

Deutsch|land

der **De|zem|ber**

der **De|zi|me|ter**

das **Dia,** die Dias

der **Di|a|lekt,** die Dialekte
(Mundart, die nur in bestimmten Teilen eines Landes gesprochen wird)

---

zu **deutsch/Deutsch:**

Kleinschreibung:
• die deutsche Sprache
• deutsch sprechen

Großschreibung:
• etwas auf Deutsch sagen
• Das heißt auf Deutsch …

der Di|a|mant, die Diamanten

die Di|ät, die Diäten

dich

dicht

dich|ten, dichtet, dichtete, gedichtet

der Dich|ter, die Dichter

die Dich|te|rin, die Dichterinnen

dick (↔ dünn)

dick|köp|fig

die

der Dieb, die Diebe

die Die|bin, die Diebinnen

der Dieb|stahl, die Diebstähle

die Die|le, die Dielen

die|nen, dient, diente, gedient

der Die|ner, die Diener

der Dienst, die Dienste

der Diens|tag, die Dienstage

dies, diese, dieser

der Die|sel

die|sel|be

der Die|sel|mo|tor, die Dieselmotoren

di|gi|tal (↔ analog)

das Dik|tat, die Diktate

dik|tie|ren, diktiert, diktierte, diktiert

das Ding, die Dinge

der Di|no|sau|ri|er, die Dinosaurier

dir

di|rekt

der Di|rek|tor, die Direktoren

die Di|rek|to|rin, die Direktorinnen

der Di|ri|gent, die Dirigenten

die Di|ri|gen|tin, die Dirigentinnen

das Dirndl, die Dirndl (Trachtenkleid)

die Disco, die Discos

die Dis|ket|te, die Disketten (Computersprache: Datenträger zum Speichern von Daten)

 zu **Dienstag/ dienstags:**

Großschreibung:
- Ich komme am Dienstag.
- jeden Dienstag
- am Dienstagabend

Kleinschreibung:
- immer dienstags
- dienstagabends

A
B
C
D
E
F
G
H
I
J
K
L
M
N
O
P
Q
R
S
T
U
V
W
X
Y
Z

die **Dis|kus|si|on,**
die Diskussionen
dis|ku|tie|ren, diskutiert,
diskutierte, diskutiert

das **Dis|play,** die Displays
(Computersprache:
Bildschirm bei Computern
oder Handys)

di|vi|die|ren, dividiert,
dividierte, dividiert

die **Di|vi|si|on,** die Divisionen

doch

der **Docht,** die Dochte

der **Dok|tor,** die Doktoren

die **Dok|to|rin,** die Doktorinnen

das **Do|ku|ment,**
die Dokumente

der **Dol|lar,** die Dollars

der **Dom,** die Dome

der **Domp|teur,** die Dompteure
(Tierbändiger)

der **Dö|ner Ke|bab,** die Döner
Kebabs

der **Don|ner**
don|nern, donnert,
donnerte, gedonnert

der **Don|ners|tag,**
die Donnerstage

doof

der **Dop|pel|punkt,**
die Doppelpunkte

dop|pelt

das **Dorf,** die Dörfer

dort

die **Do|se,** die Dosen

der **Dot|ter,** die Dotter

der **Dra|che,** die Drachen
(ein geflügeltes Fabelwesen)

der **Dra|chen,** die Drachen
(ein Fluggerät)

der **Draht,** die Drähte

drän|geln, drängelt,
drängelte, gedrängelt

drau|ßen

der **Dreck**

dre|ckig *(↔ sauber)*

dre|hen, dreht, drehte,
gedreht

die **Dre|hung,** die Drehungen

drei

das **Drei|eck,** die Dreiecke

das **Drei|rad,** die Dreiräder

drei|ßig

drei|zehn

drib|beln, dribbelt,
dribbelte, gedribbelt

drin

drin|gend

drin|nen

drit|te, dritter, drittes

das **Drit|tel,** die Drittel

dro|hen, droht, drohte, gedroht

die Dro|hung, die Drohungen

die Dros|sel, die Drosseln

drü|ben

der Druck *(starker Einfluss, den man auf einen Menschen ausübt)*

der Druck, die Drucke *(Vervielfältigung, z.B. eines Gemäldes)*

dru|cken, druckt, druckte, gedruckt

drü|cken, drückt, drückte, gedrückt

der Dru|cker, die Drucker *(Gerät, das Computerdokumente auf Papier ausdruckt)*

der Druck|knopf, die Druckknöpfe

der Dschun|gel

du

der Duft, die Düfte

duf|ten, duftet, duftete, geduftet

dumm, dümmer, am dümmsten (↔ klug)

die Dumm|heit, die Dummheiten

dun|kel

zu **dritte/Dritte:**

Kleinschreibung:
- das dritte Kapitel des Buches
- die dritte Reiterin im Wettbewerb

Großschreibung:
- der Dritte in der Reihe
- jeder Dritte
- die Dritten (= das künstliche Gebiss)
- die Dritte Welt (= die Entwicklungsländer)

zu **du/Du:**

Kleinschreibung:
- du läufst
- Leute wie du und ich

Großschreibung:
- Liebe Maja, ich schreibe Dir, damit Du weißt, dass ich an Dich denke. (Anrede im Brief)
- jemanden mit Du anreden

A
B
C
D
E
F
G
H
I
J
K
L
M
N
O
P
Q
R
S
T
U
V
W
X
Y
Z

die Dun|kel|heit
dünn (↔ dick)
durch
durch|ei|nan|der
(durch|ein|an|der)
durch|sich|tig
dür|fen, darf, durfte,
gedurft
sie durf|te (→ dürfen)
dürr
der Durst
durs|tig
die Du|sche, die Duschen
du|schen, duscht, duschte,
geduscht
du|ster (↔ hell)
das Dut|zend
die DVD, die DVDs (Abkürzung
für englisch digital versatile
disc; ein Speichermedium)
das Dy|na|mit (ein Sprengstoff)
der Dy|na|mo, die Dynamos
(ein Stromerzeuger)

E

die Eb|be, die Ebben
eben
eben|so

das Echo, die Echos (Widerhall)
echt
die Ecke, die Ecken
eckig (↔ rund)
edel
der Edel|stein, die Edelsteine
der Efeu
egal
ehe
die Ehe, die Ehen
die Eh|re, die Ehren
der Ehr|geiz
ehr|gei|zig
ehr|lich
das Ei, die Eier
die Ei|che, die Eichen
die Ei|chel, die Eicheln
das Eich|hörn|chen,
die Eichhörnchen
die Ei|dech|se,
die Eidechsen
der Ei|fer
ei|fer|süch|tig
eif|rig (↔ träge, faul)
das Ei|gelb, die Eigelbe
ei|ge|ne, eigener, eigenes
ei|gent|lich
das Ei|gen|tor, die Eigentore
das Ei|gen|tum
die Ei|le
ei|len, eilt, eilte, geeilt

der Ei|mer, die Eimer

ein, eine, einer

ei|nan|der (ein|an|der)

die Ein|bahn|stra|ße,
die Einbahnstraßen

ein|bre|chen, bricht ein,
brach ein, eingebrochen

der Ein|bre|cher,
die Einbrecher

die Ein|bre|che|rin,
die Einbrecherinnen

ein|fach

der Ein|fall, die Einfälle

ein|fal|len, fällt ein, fiel ein,
eingefallen

der Ein|fluss, die Einflüsse

der Ein|gang, die Eingänge

ein|ge|bro|chen
(→ einbrechen)

ei|ni|ge

sich ei|ni|gen, einigt sich, einigte
sich, hat sich geeinigt

der Ein|kauf, die Einkäufe

ein|kau|fen, kauft ein,
kaufte ein, eingekauft

ein|la|den, lädt ein, lud ein,
eingeladen

die Ein|la|dung,
die Einladungen

die Ein|lei|tung,
die Einleitungen

ein|mal

das Ein|mal|eins

eins

ein|sam

die Ein|sam|keit

einst

ein|ver|stan|den

das Ein|ver|ständ|nis

der Ein|woh|ner,
die Einwohner

die Ein|woh|ne|rin,
die Einwohnerinnen

die Ein|zahl

die Ein|zel|heit,
die Einzelheiten

ein|zeln

 zu **eins/Eins:**

Kleinschreibung:
- Die Turmuhr schlägt eins.
- eins nach dem anderen machen
- Ich komme um Punkt eins.

Großschreibung:
- Im Diktat habe ich eine Eins.
- Ich würfle eine Eins.

A
B
C
D
E
F
G
H
I
J
K
L
M
N
O
P
Q
R
S
T
U
V
W
X
Y
Z

ein|zig

ein|zig|ar|tig

das Eis

der Eis|bär, die Eisbären

der Eis|be|cher, die Eisbecher

das Ei|sen

die Ei|sen|bahn,
die Eisenbahnen

das Eis|ho|ckey

eis|kalt (↔ heiß)

ei|tel

die Ei|tel|keit, die Eitelkeiten

der Ekel

ek|lig

der Ele|fant, die Elefanten

der Elek|tri|ker (Elekt|ri|ker),
die Elektriker

elek|trisch (elekt|risch)

die Elek|tri|zi|tät
(Elekt|ri|zi|tät)

das Elend

elf

der Elf|me|ter, die Elfmeter

der Ell|bo|gen, die Ellbogen

die Els|ter, die Elstern

die El|tern

die E-Mail, die E-Mails
*(englisches Wort für
elektronische Post)*

er emp|fahl (→ empfehlen)

sie emp|fand (→ empfinden)

emp|fan|gen, empfängt,
empfing, empfangen

der Emp|fän|ger,
die Empfänger

die Emp|fän|ge|rin,
die Empfängerinnen

er emp|fängt (→ empfangen)

emp|feh|len, empfiehlt,
empfahl, empfohlen

die Emp|feh|lung,
die Empfehlungen

sie emp|fiehlt (→ empfehlen)

emp|fin|den, empfindet,
empfand, empfunden

emp|find|lich

er emp|fing (→ empfangen)

emp|foh|len
(→ empfehlen)

emp|fun|den
(→ empfinden)

em|pört

💡 zu **einzig/Einzige:**

Kleinschreibung:
• der einzige Freund
Großschreibung:
• Du bist für mich die
Einzige!
• kein Einziger

die Em|pö|rung

das En|de, die Enden

end|lich

end|los

die Ener|gie, die Energien

eng (↔ *weit*)

die En|ge

der En|gel, die Engel

Eng|land

eng|lisch

der En|kel, die Enkel

die En|ke|lin, die Enkelinnen

ent|de|cken, entdeckt,
entdeckte, entdeckt

die En|te, die Enten

ent|fer|nen, entfernt,
entfernte, entfernt

die Ent|fer|nung,
die Entfernungen

die Ent|füh|rung,
die Entführungen

ent|ge|gen

ent|geg|nen, entgegnet,
entgegnete, entgegnet

ent|hal|ten, enthält,
enthielt, enthalten

es ent|hält (→ enthalten)

es ent|hielt (→ enthalten)

sie ent|kam (→ entkommen)

ent|kom|men, entkommt,
entkam, entkommen

ent|lang

ent|las|sen, entlässt,
entließ, entlassen

er ent|lässt (→ entlassen)

die Ent|las|sung,
die Entlassungen

sie ent|ließ (→ entlassen)

ent|schei|den, entscheidet,
entschied, entschieden

die Ent|schei|dung,
die Entscheidungen

er ent|schied
(→ entscheiden)

ent|schie|den
(→ entscheiden)

sich ent|schlie|ßen, entschließt
sich, entschloss sich,
hat sich entschlossen

sie ent|schloss sich
(→ entschließen)

ent|schlos|sen
(→ entschließen)

sich ent|schul|di|gen,
entschuldigt sich,
entschuldigte sich,
hat sich entschuldigt

die Ent|schul|di|gung,
die Entschuldigungen

ent|sor|gen, entsorgt,
entsorgte, entsorgt

es ent|stand (→ entstehen)

ent|stan|den
(→ entstehen)

ent|ste|hen, entsteht,
entstand, entstanden

ent|täu|schen, enttäuscht,
enttäuschte, enttäuscht

die Ent|täu|schung,
die Enttäuschungen

er ent|warf (→ entwerfen)

ent|we|der

ent|wer|fen, entwirft,
entwarf, entworfen

ent|wi|ckeln, entwickelt,
entwickelte, entwickelt

die Ent|wick|lung,
die Entwicklungen

sie ent|wirft (→ entwerfen)

ent|wor|fen (→ entwerfen)

die Ent|zün|dung,
die Entzündungen

er

das Er|be

der Er|be, die Erben

er|ben, erbt, erbte, geerbt

er|beu|ten, erbeutet,
erbeutete, erbeutet

die Er|bin, die Erbinnen

die Erb|se, die Erbsen

die Erd|bee|re,
die Erdbeeren

die Er|de

das Erd|ge|schoss,
die Erdgeschosse

die Erd|kun|de

die Erd|nuss, die Erdnüsse

der Erd|teil, die Erdteile

sich er|eig|nen, ereignet sich,
ereignete sich, hat sich
ereignet

das Er|eig|nis, die Ereignisse

er|fah|ren, erfährt, erfuhr,
erfahren

die Er|fah|rung,
die Erfahrungen

der Er|fin|der, die Erfinder

die Er|fin|de|rin,
die Erfinderinnen

der Er|folg, die Erfolge

er|for|schen, erforscht,
erforschte, erforscht

er|freu|lich

er|fri|schen, erfrischt,
erfrischte, erfrischt

er|gän|zen, ergänzt,
ergänzte, ergänzt

das Er|geb|nis,
die Ergebnisse

sich er|in|nern, erinnert sich,
erinnerte sich, hat sich
erinnert

die Er|in|ne|rung,
die Erinnerungen

sich **er|käl|ten,** erkältet sich,
erkältete sich, hat sich
erkältet

die **Er|käl|tung,**
die Erkältungen

er|kannt (→ erkennen)

er **er|kann|te** (→ erkennen)

er|ken|nen, erkennt,
erkannte, erkannt

er|klä|ren, erklärt,
erklärte, erklärt

die **Er|klä|rung,**
die Erklärungen

er|kun|den, erkundet,
erkundete, erkundet

sich **er|kun|di|gen,**
erkundigt sich,
erkundigte sich,
hat sich erkundigt

die **Er|kun|di|gung,**
die Erkundigungen

er|lau|ben, erlaubt,
erlaubte, erlaubt

die **Er|laub|nis,**
die Erlaubnisse

die **Er|le,** die Erlen

er|le|ben, erlebt, erlebte,
erlebt

das **Er|leb|nis,** die Erlebnisse

er|le|di|gen, erledigt,
erledigte, erledigt

er|leich|tert

er|ler|nen, erlernt,
erlernte, erlernt

er|mah|nen, ermahnt,
ermahnte, ermahnt

die **Er|mah|nung,**
die Ermahnungen

er|näh|ren, ernährt,
ernährte, ernährt

die **Er|näh|rung**

ernst (↔ heiter,
unbeschwert)

die **Ern|te,** die Ernten

ern|ten, erntet,
erntete, geerntet

er|pres|sen, erpresst,
erpresste, erpresst

die **Er|pres|sung,**
die Erpressungen

er|rei|chen, erreicht,
erreichte, erreicht

er|schei|nen, erscheint,
erschien, erschienen

die **Er|schei|nung,**
die Erscheinungen

sie **er|schien** (→ erscheinen)

er|schie|nen
(→ erscheinen)

er|schöpft (↔ frisch, fit)

er **er|schrak** (→ erschrecken)

er|schre|cken, erschrickt, erschrak, erschrocken

sie er|schrickt (→ erschrecken)
er|schro|cken (→ erschrecken)

er|set|zen, ersetzt, ersetzte, ersetzt

erst

ers|te, erster, erstes

er|sti|cken, erstickt, erstickte, erstickt

er er|trank (→ ertrinken)

er|trin|ken, ertrinkt, ertrank, ertrunken

er|trun|ken (→ ertrinken)

er|wach|sen

der Er|wach|se|ne, die Erwachsenen

die Er|wach|se|ne, die Erwachsenen

er|wäh|nen, erwähnt, erwähnte, erwähnt

er|war|ten, erwartet, erwartete, erwartet

die Er|war|tung, die Erwartungen

er|wi|schen, erwischt, erwischte, erwischt

er|zäh|len, erzählt, erzählte, erzählt

die Er|zäh|lung, die Erzählungen

er|zie|hen, erzieht, erzog, erzogen

der Er|zie|her, die Erzieher

die Er|zie|he|rin, die Erzieherinnen

die Er|zie|hung

sie er|zog (→ erziehen)

er|zo|gen (→ erziehen)

es

der Esel, die Esel

der Es|ki|mo, die Eskimos (Angehöriger eines Volkes, das in der Arktis lebt)

das Es|sen, die Essen

es|sen, isst, aß, gegessen

der Es|sig, die Essige

---

zu erste/Erste:

Kleinschreibung:
- das erste Eis
- der erste Stock des Hauses

Großschreibung:
- als Erster durchs Ziel gehen
- die Erste Bundesliga
- Ich bin der Erste!

Est|land
est|län|disch
die Eta|ge, die Etagen
(Stockwerk)
das Etui, die Etuis (Behältnis
oder Schutzhülle, z.B. für
eine Brille)
et|wa
et|was
euch
eu|er, eure
die Eu|le, die Eulen
der Eu|ro, die Euros
Eu|ro|pa
der Eu|ro|pä|er, die Europäer
die Eu|ro|pä|e|rin,
die Europäerinnen
eu|ro|pä|isch
das Eu|ter, die Euter
evan|ge|lisch
das Evan|ge|li|um,
die Evangelien (die ersten
vier Bücher des Neuen
Testaments in der Bibel;
das Wort bedeutet „gute
Botschaft")
ewig
die Ewig|keit, die Ewigkeiten
die Ex|pe|di|ti|on,
die Expeditionen
(Forschungsreise)

das Ex|pe|ri|ment,
die Experimente (wissen-
schaftlicher Versuch)
ex|plo|die|ren, explodiert,
explodierte, explodiert
die Ex|plo|si|on, die
Explosionen
ex|tra (ext|ra)

F

die Fa|bel, die Fabeln
die Fa|brik (Fab|rik),
die Fabriken
das Fach, die Fächer
die Fa|ckel, die Fackeln
der Fa|den, die Fäden
fä|hig
die Fä|hig|keit, die Fähigkeiten
die Fahr|bahn, die Fahrbahnen
die Fäh|re, die Fähren
fah|ren, fährt, fuhr, gefahren
der Fah|rer, die Fahrer
die Fah|re|rin, die Fahrerinnen
die Fahr|kar|te, die Fahrkarten
das Fahr|rad,
die Fahrräder
er fährt (→ fahren)
sie fährt ab (→ abfahren)

A
B
C
D
E
F
G
H
I
J
K
L
M
N
O
P
Q
R
S
T
U
V
W
X
Y
Z

er **fährt Rad** (→ Rad fahren)

er **fährt weg** (→ wegfahren)

die **Fahrt,** die Fahrten

die **Fähr|te,** die Fährten

das **Fahr|zeug,** die Fahrzeuge

fair (englisches Wort für gerecht)

fal|len, fällt, fiel, gefallen

fäl|len, fällt, fällte, gefällt

er **fällt** (→ fallen)

sie **fällt auf** (→ auffallen)

ihm **fällt ein** (→ einfallen)

sie **fällt hin** (→ hinfallen)

falsch (↔ richtig)

die **Fal|te,** die Falten

fal|ten, faltet, faltete, gefaltet

die **Fa|mi|lie,** die Familien

der **Fan,** die Fans (englisches Wort für einen begeisterten Anhänger, z.B. einer Popgruppe)

sie **fand** (→ finden)

es **fand statt** (→ stattfinden)

fan|gen, fängt, fing, gefangen

er **fängt** (→ fangen)

sie **fängt an** (→ anfangen)

die **Fan|ta|sie,** die Fantasien

die **Far|be,** die Farben

der **Fa|sching,** die Faschings

das **Fass,** die Fässer

fas|sen, fasst, fasste, gefasst

fas|ten, fastet, fastete, gefastet

das **Fast Food** (englisches Wort für ein schnell verzehrbares Gericht)

die **Fast|nacht**

faul

fau|len|zen, faulenzt, faulenzte, gefaulenzt

die **Faust,** die Fäuste

das **Fax,** die Faxe

fa|xen, faxt, faxte, gefaxt

der **Fe|bru|ar** (Feb|ru|ar)

die **Fe|der,** die Federn

die **Fee,** die Feen

feh|len, fehlt, fehlte, gefehlt

der **Feh|ler,** die Fehler

feh|ler|frei (↔ fehlerhaft)

die **Fei|er,** die Feiern

fei|ern, feiert, feierte, gefeiert

der **Fei|er|tag,** die Feiertage

fei|ge (↔ mutig, tapfer)

die **Fei|ge,** die Feigen

der **Feig|ling,** die Feiglinge

fein

der **Feind,** die Feinde

die **Fein|din,** die Feindinnen
feind|lich
das **Feld,** die Felder
das **Fell,** die Felle
der **Fels,** die Felsen
das **Fens|ter,** die Fenster
die **Fe|ri|en**
das **Fer|kel,** die Ferkel
das **Fern|glas,** die Ferngläser
das **Fern|rohr,** die Fernrohre
fern|se|hen, sieht fern,
sah fern, ferngesehen
der **Fern|se|her,** die Fernseher
die **Fer|se,** die Fersen
fer|tig
die **Fes|sel,** die Fesseln
fes|seln, fesselt,
fesselte, gefesselt

zu **fertig:**

getrennt *oder*
zusammen:
• die Hausaufgaben
fertigmachen *oder*
fertig machen
• mit einem Gegner
fertigwerden *oder*
fertig werden
getrennt:
• fertig sein

fest (↔ *locker*)
das **Fest,** die Feste
fest|lich
die **Fest|plat|te,**
die Festplatten (*Speicher*
des Computers)
fett
das **Fett,** die Fette
feucht (↔ *trocken*)
die **Feuch|tig|keit**
das **Feu|er,** die Feuer
der **Feu|er|alarm,**
die Feueralarme
feu|er|rot
die **Feu|er|wehr,**
die Feuerwehren
die **Fi|bel,** die Fibeln
die **Fich|te,** die Fichten
das **Fie|ber**
er **fiel** (→ *fallen*)
sie **fiel auf** (→ *auffallen*)
ihm **fiel ein** (→ *einfallen*)
sie **fiel hin** (→ *hinfallen*)
die **Fi|gur,** die Figuren
der **Film,** die Filme
fil|men, filmt, filmte, gefilmt
der **Filz|stift,** die Filzstifte
fin|den, findet, fand,
gefunden
sie **fing** (→ *fangen*)
er **fing an** (→ *anfangen*)

der **Fin|ger**, die Finger

der **Fin|ger|na|gel**,
die Fingernägel

der **Fink**, die Finken

fin|nisch

Finn|land

die **Fir|ma**, die Firmen

die **Fir|mung**, die Firmungen

der **Fisch**, die Fische

fi|schen, fischt, fischte,
gefischt

fit (↔ untrainiert, träge)

die **Fit|ness**

flach (↔ steil, bergig)

die **Flä|che**, die Flächen

die **Flag|ge**, die Flaggen

die **Flam|me**, die Flammen

die **Fla|sche**, die Flaschen

der **Fleck**, die Flecken

die **Fle|der|maus**,
die Fledermäuse

fle|hen, fleht, flehte,
gefleht

das **Fleisch**

der **Flei|scher**, die Fleischer

der **Fleiß**

flei|ßig (↔ faul)

die **Flie|ge**, die Fliegen

flie|gen, fliegt, flog,
geflogen

flie|hen, flieht, floh,
geflohen

die **Flie|se**, die Fliesen

flie|ßen, fließt, floss,
geflossen

flit|zen, flitzt, flitzte,
geflitzt

die **Flo|cke**, die Flocken

sie **flog** (→ fliegen)

sie **floh** (→ fliehen)

der **Floh**, die Flöhe

es **floss** (→ fließen)

das **Floß**, die Flöße

die **Flos|se**, die Flossen

die **Flö|te**, die Flöten

flö|ten, flötet, flötete,
geflötet

der **Fluch**, die Flüche

flu|chen, flucht, fluchte,
geflucht

flüch|ten, flüchtet,
flüchtete, geflüchtet

der **Flücht|ling**,
die Flüchtlinge

der **Flug**, die Flüge

der **Flü|gel**, die Flügel

das **Flug|zeug**, die Flugzeuge

der **Fluss**, die Flüsse

flüs|sig

die **Flüs|sig|keit**,
die Flüssigkeiten

flüs|tern, flüstert, flüsterte,
geflüstert

die Flut, die Fluten

das Foh|len, die Fohlen

der Föhn, die Föhne

föh|nen, föhnt, föhnte,
geföhnt

fol|gen, folgt, folgte,
gefolgt

die Fo|lie, die Folien *(ein
dünnes Blatt, z.B. aus
Kunststoff)*

for|dern, fordert, forderte,
gefordert

för|dern, fördert, förderte,
gefördert

die For|de|rung,
die Forderungen

die För|de|rung,
die Förderungen

die Form, die Formen

for|men, formt, formte,
geformt

for|schen, forscht,
forschte, geforscht

der For|scher, die Forscher

die For|sche|rin,
die Forscherinnen

der Förs|ter, die Förster

fort

der Fort|schritt,
die Fortschritte

das Fo|to, die Fotos

der Fo|to|ap|pa|rat,
die Fotoapparate

der Fo|to|graf, die Fotografen

die Fo|to|gra|fie,
die Fotografien

fo|to|gra|fie|ren,
fotografiert, fotografierte,
fotografiert

die Fo|to|gra|fin,
die Fotografinnen

die Fo|to|ko|pie,
die Fotokopien

das Foul, die Fouls
(Regelverstoß im Sport)

der Frach|ter, die Frachter

die Fra|ge, die Fragen

fra|gen, fragt, fragte,
gefragt

das Fra|ge|zei|chen,
die Fragezeichen

Frank|reich

fran|zö|sisch

er fraß *(→ fressen)*

die Frat|ze, die Fratzen

die Frau, die Frauen

frech *(↔ brav)*

die Frech|heit,
die Frechheiten

A
B
C
D
E
F
G
H
I
J
K
L
M
N
O
P
Q
R
S
T
U
V
W
X
Y
Z

frei
das Frei|bad, die Freibäder
die Frei|heit
der Frei|tag, die Freitage
frei|wil|lig (↔ *gezwungen*)
die Frei|zeit
fremd (↔ *bekannt*)
der Frem|de, die Fremden
die Frem|de, die Fremden
fres|sen, frisst, fraß,
gefressen
die Freu|de, die Freuden
freu|dig
sich freu|en, freut sich,
freute sich, hat sich gefreut
der Freund, die Freunde
die Freun|din, die Freundinnen
freund|lich
die Freund|schaft,
die Freundschaften
der Frie|den
der Fried|hof, die Friedhöfe
fried|lich (↔ *kriegerisch*)
frie|ren, friert, fror, gefroren
frisch
der Fri|seur/Fri|sör,
die Friseure/Frisöre
die Fri|seu|rin/Fri|sö|rin,
die Friseurinnen/Frisörinnen
fri|sie|ren, frisiert, frisierte,
frisiert

sie frisst (→ fressen)
die Fri|sur, die Frisuren
froh
fröh|lich (↔ *traurig*)
die Fröh|lich|keit
Fron|leich|nam
er fror (→ frieren)
der Frosch, die Frösche

 zu **frei:**

Kleinschreibung:
• freier Eintritt
• Bahn frei!
Großschreibung:
• im Freien
getrennt:
• ein Referat frei
halten
(= ohne Zettel)
zusammen:
• jemanden
freisprechen
(bei Gericht)
• einen Brief
freimachen
(= frankieren)
getrennt *oder*
zusammen:
• freihaben *oder*
frei haben

der Frost
die Frucht, die Früchte
fruch|tig
früh (↔ spät)
das Früh|jahr
der Früh|ling, die Frühlinge
früh|lings|haft
das Früh|stück,
die Frühstücke
früh|stü|cken, frühstückt,
frühstückte, gefrühstückt
der Fuchs, die Füchse
füh|len, fühlt, fühlte,
gefühlt
sie fuhr (→ fahren)
er fuhr ab (→ abfahren)
sie fuhr Rad (→ Rad fahren)
sie fuhr weg (→ wegfahren)
füh|ren, führt, führte,
geführt
der Füh|rer|schein,
die Führerscheine
die Füh|rung, die Führungen
fül|len, füllt, füllte, gefüllt
der Fül|ler, die Füller
die Fül|lung, die Füllungen
fünf
fünf|zehn
fünf|zig

der Funk (z.B. in Form
von Radio- oder
Fernsehprogrammen)
der Fun|ke, die Funken
fun|keln, funkelt, funkelte,
gefunkelt
fun|ken, funkt, funkte,
gefunkt
die Funk|ti|on, die Funktionen
funk|ti|o|nie|ren,
funktioniert, funktionierte,
funktioniert
für
die Furcht
furcht|bar
sich fürch|ten, fürchtet sich,
fürchtete sich,
hat sich gefürchtet
fürch|ter|lich
der Fuß, die Füße
der Fuß|ball, die Fußbälle
der Fuß|ball|platz,
die Fußballplätze
der Fuß|bo|den, die Fußböden
der Fuß|gän|ger, die Fußgänger
das Fut|ter
füt|tern, füttert, fütterte,
gefüttert
das Fu|tur (Zeitform: Zukunft)

A
B
C
D
E
F
G
H
I
J
K
L
M
N
O
P
Q
R
S
T
U
V
W
X
Y
Z

G

sie **gab** (→ geben)
sie **gab an** (→ angeben)
er **gab auf** (→ aufgeben)
sie **gab nach** (→ nachgeben)
die **Ga|bel**, die Gabeln
der **Gag**, die Gags *(englisches Wort für witziger Einfall)*
gäh|nen, gähnt, gähnte, gegähnt
der **Ga|lopp**, die Galopps
es **galt** (→ gelten)
der **Game|boy**, die Gameboys *(ein elektronisches Spielgerät)*
der **Gang**, die Gänge
der **Gangs|ter**, die Gangster *(englisches Wort für Verbrecher)*
die **Gans**, die Gänse
das **Gän|se|blüm|chen**, die Gänseblümchen
ganz, ganze, ganzer
gar nichts
die **Ga|ra|ge**, die Garagen
die **Gar|di|ne**, die Gardinen
das **Garn**, die Garne
der **Gar|ten**, die Gärten
der **Gärt|ner**, die Gärtner

die **Gärt|ne|rei**, die Gärtnereien
die **Gärt|ne|rin**, die Gärtnerinnen
das **Gas**, die Gase
der **Gast**, die Gäste
das **Ge|bäu|de**, die Gebäude
ge|ben, gibt, gab, gegeben
das **Ge|bet**, die Gebete
ge|be|ten (→ bitten)
das **Ge|biet**, die Gebiete
das **Ge|bir|ge**, die Gebirge
das **Ge|biss**, die Gebisse
ge|bis|sen (→ beißen)
ge|blie|ben (→ bleiben)
ge|bo|gen (→ biegen)
ge|bracht (→ bringen)
ge|brannt (→ brennen)

 zu **ganz/das Ganze:**

Kleinschreibung:
- ganz und gar
- etwas wieder ganz machen
- in ganz Berlin
- ganz allein

Großschreibung:
- das Ganze
- im Großen und Ganzen

ge|bro|chen (→ brechen)

ge|bun|den (→ binden)

die Ge|burt, die Geburten

der Ge|burts|tag,
die Geburtstage

das Ge|büsch, die Gebüsche

ge|dacht (→ denken)

das Ge|dächt|nis,
die Gedächtnisse

der Ge|dan|ke, die Gedanken

das Ge|dicht, die Gedichte

die Ge|duld

ge|dul|dig

ge|durft (→ dürfen)

die Ge|fahr, die Gefahren

ge|fähr|lich

ge|fal|len, gefällt, gefiel,
gefallen

es ge|fällt (→ gefallen)

das Ge|fäng|nis,
die Gefängnisse

das Ge|fäß, die Gefäße

es ge|fiel (→ gefallen)

ge|flo|gen (→ fliegen)

ge|flo|hen (→ fliehen)

ge|flos|sen (→ fließen)

ge|fro|ren (→ frieren)

das Ge|fühl, die Gefühle

ge|fun|den (→ finden)

ge|gan|gen (→ gehen)

ge|gen

der Ge|gen|satz,
die Gegensätze

der Ge|gen|stand,
die Gegenstände

das Ge|gen|teil, die Gegenteile

ge|gen|über

die Ge|gen|wart

der Geg|ner, die Gegner

die Geg|ne|rin,
die Gegnerinnen

ge|gol|ten (→ gelten)

ge|gos|sen (→ gießen)

ge|grif|fen (→ greifen)

ge|habt (→ haben)

das Ge|halt, die Gehälter

ge|han|gen (→ hängen)

das Ge|häu|se, die Gehäuse

das Ge|he|ge, die Gehege

ge|heim

das Ge|heim|nis,
die Geheimnisse

ge|hen, geht, ging,
gegangen

das Ge|hirn, die Gehirne

die Ge|hirn|er|schüt|te|rung,
die Gehirnerschütterungen

ge|ho|ben (→ heben)

ge|hol|fen (→ helfen)

das Ge|hör

ge|hor|chen, gehorcht,
gehorchte, gehorcht

ge|hö|ren, gehört, gehörte, gehört

der Ge|hor|sam

ge|hor|sam

der Gei|er, die Geier

die Gei|ge, die Geigen

der Geist, die Geister

die Geis|ter|bahn, die Geisterbahnen

gei|zig (↔ freigebig)

der Geiz|kra|gen, die Geizkragen

ge|kannt (→ kennen)

ge|klun|gen (→ klingen)

ge|konnt (→ können)

ge|kro|chen (→ kriechen)

das Gel, die Gels

das Ge|län|de

das Ge|län|der, die Geländer

es ge|lang (→ gelingen)

gelb

das Geld, die Gelder

ge|le|gen (→ liegen)

die Ge|le|gen|heit, die Gelegenheiten

das Ge|lenk, die Gelenke

ge|lie|hen (→ leihen)

ge|lin|gen, gelingt, gelang, gelungen

ge|lit|ten (→ leiden)

ge|lo|gen (→ lügen)

gel|ten, gilt, galt, gegolten

ge|lun|gen (→ gelingen)

das Ge|mäl|de, die Gemälde

ge|mein

die Ge|mein|de, die Gemeinden

die Ge|mein|heit, die Gemeinheiten

ge|mein|sam

die Ge|mein|schaft, die Gemeinschaften

ge|mocht (→ mögen)

 zu **gelb/Gelb:**

Kleinschreibung:
• ein gelber Vogel

Großschreibung:
• das Gelbe vom Ei
• Die Ampel dort steht auf Gelb.
• die Gelben Rüben (= Möhren)

getrennt *oder* zusammen:
• eine gelbgestreifte *oder* gelb gestreifte Hose
• den Zaun gelbstreichen *oder* gelb streichen

das Ge|mü|se
ge|musst (→ müssen)
ge|müt|lich
ge|nannt (→ nennen)
ge|nau
ge|nau|so
die Ge|ne|ra|ti|on,
die Generationen
das Ge|nick, die Genicke
ge|nie|ßen, genießt,
genoss, genossen
der Ge|ni|tiv (2. Fall, Wesfall)
ge|nom|men (→ nehmen)
sie ge|noss (→ genießen)
ge|nos|sen (→ genießen)
ge|nug
ge|nü|gend
die Geo|gra|fie (Erdkunde)
die Geo|met|rie
(Geo|me|trie)
das Ge|päck
ge|pfif|fen (→ pfeifen)
ge|ra|de
ge|rannt (→ rennen)
er ge|rät (→ geraten)
das Ge|rät, die Geräte
ge|ra|ten, gerät, geriet,
geraten
das Ge|räusch, die Geräusche
ge|recht
die Ge|rech|tig|keit

das Ge|richt, die Gerichte
ge|rie|ben (→ reiben)
sie ge|riet (→ geraten)
ge|ring
ge|rin|gelt
ge|ris|sen (→ reißen)
ge|rit|ten (→ reiten)
gern
ge|ro|chen (→ riechen)
der Ge|ruch, die Gerüche
ge|sandt (→ senden)
der Ge|sang, die Gesänge
das Ge|schäft, die Geschäfte
es ge|schah (→ geschehen)

 zu **gerade:**

getrennt:
• Wir sollen uns
  gerade halten.
• Du musst immer
  gerade stehen und
  gerade sitzen!
getrennt *oder*
zusammen:
• einen schiefen Zaun
  geraderichten *oder*
  gerade richten
• krumme Stäbe
  geradebiegen *oder*
  gerade biegen

A
B
C
D
E
F
G
H
I
J
K
L
M
N
O
P
Q
R
S
T
U
V
W
X
Y
Z

A
B
C
D
E
F
G
H
I
J
K
L
M
N
O
P
Q
R
S
T
U
V
W
X
Y
Z

ge|sche|hen, geschieht,
geschah, geschehen

das Ge|schenk, die Geschenke

die Ge|schich|te,
die Geschichten

ge|schickt

es ge|schieht (→ geschehen)

ge|schie|nen (→ scheinen)

das Ge|schirr

das Ge|schlecht,
die Geschlechter

ge|schli|chen
(→ schleichen)

ge|schlos|sen
(→ schließen)

der Ge|schmack,
die Geschmäcker

ge|schmis|sen
(→ schmeißen)

ge|schmol|zen
(→ schmelzen)

ge|schnit|ten
(→ schneiden)

ge|scho|ben (→ schieben)

ge|schos|sen (→ schießen)

das Ge|schrei

ge|schrie|ben
(→ schreiben)

ge|schrien (→ schreien)

ge|schwie|gen
(→ schweigen)

die Ge|schwin|dig|keit,
die Geschwindigkeiten

die Ge|schwis|ter

ge|schwom|men
(→ schwimmen)

ge|schwo|ren
(→ schwören)

ge|schwun|gen
(→ schwingen)

ge|sel|lig

die Ge|sell|schaft,
die Gesellschaften

ge|ses|sen (→ sitzen)

das Ge|setz, die Gesetze

ge|setz|lich

das Ge|sicht, die Gesichter

das Ge|spenst, die Gespenster

ge|spens|tisch

ge|spon|nen (→ spinnen)

das Ge|spräch, die Gespräche

ge|spro|chen (→ sprechen)

ge|sprun|gen (→ springen)

die Ge|stalt, die Gestalten

ge|stan|den (→ stehen)

der Ge|stank

ges|tern

ge|stie|gen (→ steigen)

ge|sto|chen (→ stechen)

ge|stoh|len (→ stehlen)

ge|stor|ben (→ sterben)

ge|stri|chen (→ streichen)

ge|strit|ten (→ streiten)
ge|stun|ken (→ stinken)
ge|sund, gesünder, am
gesündesten (↔ krank)
die Ge|sund|heit
ge|sun|gen (→ singen)
ge|sun|ken (→ sinken)
ge|tan (→ tun)
das Ge|tränk, die Getränke
das Ge|trei|de
ge|trie|ben (→ treiben)
ge|trof|fen (→ treffen)
ge|trun|ken (→ trinken)
das Ge|wächs, die Gewächse
die Ge|walt
sie ge|wann (→ gewinnen)
das Ge|wäs|ser, die Gewässer
das Ge|wehr, die Gewehre
das Ge|weih, die Geweihe
ge|we|sen (→ sein)
das Ge|wicht, die Gewichte
ge|win|nen, gewinnt,
gewann, gewonnen
das Ge|wis|sen
das Ge|wit|ter, die Gewitter
ge|wo|gen (→ wiegen)
ge|wohnt
ge|won|nen (→ gewinnen)
ge|wor|ben (→ werben)
ge|wor|den (→ werden)
ge|wor|fen (→ werfen)

das Ge|würz, die Gewürze
ge|wusst (→ wissen)
die Ge|zei|ten (Ebbe und Flut)
ge|zo|gen (→ ziehen)
ge|zwun|gen (→ zwingen)
er gibt (→ geben)
er gibt an (→ angeben)
sie gibt auf (→ aufgeben)
er gibt nach (→ nachgeben)
die Gier
gie|rig (↔ bescheiden)
gie|ßen, gießt, goss,
gegossen
die Gieß|kan|ne,
die Gießkannen
das Gift, die Gifte
gif|tig
es gilt (→ gelten)
sie ging (→ gehen)
sie ging vor (→ vorgehen)
er ging weg (→ weggehen)
der Gip|fel, die Gipfel
der Gips, die Gipse
die Gi|raf|fe, die Giraffen
die Gir|lan|de, die Girlanden
die Gi|tar|re, die Gitarren
das Git|ter, die Gitter
der Glanz
glän|zen, glänzt, glänzte,
geglänzt
das Glas, die Gläser

A
B
C
D
E
F
G
H
I
J
K
L
M
N
O
P
Q
R
S
T
U
V
W
X
Y
Z

glatt (↔ rau)

die Glat|ze, die Glatzen

der Glau|be

glau|ben, glaubt, glaubte,
geglaubt

gleich

das Gleich|ge|wicht

gleich|gül|tig

gleich|zei|tig

der Glet|scher, die Gletscher

das Glied, die Glieder

glit|zern, glitzert, glitzerte,
geglitzert

der Glo|bus, die Globen
*(verkleinerte Nachbildung
der Erdkugel)*

die Glo|cke, die Glocken

das Glück

glück|lich

glü|hen, glüht, glühte,
geglüht

die Glut

die Gna|de, die Gnaden

gnä|dig

das Gold

gol|den

der Gold|fisch, die Goldfische

das Golf *(eine Sportart)*

der Go|ril|la, die Gorillas

er goss (→ gießen)

der Gott, die Götter

das Grab, die Gräber

der Gra|ben, die Gräben

gra|ben, gräbt, grub,
gegraben

der Grab|stein, die Grabsteine

sie gräbt (→ graben)

das Grad, 3 Grad Celcius
(Temperatureinheit)

das Gramm, 5 Gramm

die Gram|ma|tik *(Lehre von
der Sprache)*

das Gras, die Gräser

gra|tis *(umsonst, ohne
Bezahlung)*

zu **gleich/Gleiches:**

Kleinschreibung:
• gleich große
  Kuchenstücke
• Alle Menschen sind
  gleich.
• Er kommt gleich.
Großschreibung:
• Das ist doch das
  Gleiche!
• Gleiches mit
  Gleichem vergelten
• Gleich und Gleich
  gesellt sich gern.

die Gra|tu|la|ti|on,
die Gratulationen
(Beglückwünschung)
gra|tu|lie|ren, gratuliert,
gratulierte, gratuliert
grau
grau|en|haft
grau|sam
die Grau|sam|keit,
die Grausamkeiten
grei|fen, greift, griff, gegriffen
der Greis, die Greise
(sehr alter Mann)
die Grei|sin, die Greisinnen
(sehr alte Frau)
die Gren|ze, die Grenzen
Grie|chen|land
grie|chisch
der Grieß
er griff (→ greifen)
sie griff an (→ angreifen)
der Griff, die Griffe
der Grill, die Grills
die Gril|le, die Grillen
gril|len, grillt, grillte,
gegrillt
die Gri|mas|se, die Grimassen
grin|sen, grinst, grinste,
gegrinst
die Grip|pe
groß, größer, am größten

zu groß/Großes:

Kleinschreibung:
- die großen Ferien
- Inas Hunger war
  am größten.
- etwas an die
  große Glocke
  hängen

Großschreibung:
- im Großen und
  Ganzen
- etwas Lustiges für
  Groß und Klein
- Du bist der
  Größte!
- Schau mal, am
  Himmel steht der
  Große Wagen!

**getrennt *oder*
zusammen:**
- Ich will auf
  diesem Plakat
  groß schreiben.
  (= mit großer
  Schrift)
- Ich muss
  meinen Namen
  großschreiben.
  (= mit großem
  Anfangsbuchstaben)

A
B
C
D
E
F
G
H
I
J
K
L
M
N
O
P
Q
R
S
T
U
V
W
X
Y
Z

Groß|bri|tan|ni|en

die Groß|el|tern

er grub (→ graben)

grü|beln, grübelt, grübelte,
gegrübelt

grün

der Grund, die Gründe

grün|den, gründet,
gründete, gegründet

die Grund|schu|le,
die Grundschulen

das Grund|stück,
die Grundstücke

grun|zen, grunzt, grunzte,
gegrunzt

die Grup|pe, die Gruppen

gru|se|lig

der Gruß, die Grüße

grü|ßen, grüßt, grüßte,
gegrüßt

gu|cken, guckt, guckte,
geguckt

gül|tig

das Gum|mi|bär|chen,
die Gummibärchen

gur|geln, gurgelt, gurgelte,
gegurgelt

die Gur|ke, die Gurken

der Gür|tel, die Gürtel

gut, besser, am besten
(↔ schlecht, böse)

die Gü|te

gü|tig

das Gym|na|si|um,
die Gymnasien
(eine Schulform der
weiterführenden Schule)

die Gym|nas|tik
(Turnübungen)

---

zu **gut/Gutes:**

Kleinschreibung:
• ein guter Rat
• gut vorbereitet sein
Großschreibung:
• Alles Gute!
• jenseits von Gut
und Böse
**getrennt oder
zusammen:**
• ein gutgemeinter
Rat oder ein gut
gemeinter Rat
• ein gutaussehender
Sänger oder ein
gut aussehender
Sänger

H

das Haar, die Haare

ha|ben, hat, hatte, gehabt

ha|cken, hackt, hackte, gehackt

der Ha|cker, die Hacker *(Mensch, der beruflich oder illegal in fremde Computersysteme eindringt)*

der Ha|fen, die Häfen

der Ha|fer

die Ha|fer|flo|cke, die Haferflocken

die Haft

der Häft|ling, die Häftlinge

der Ha|gel

ha|geln, hagelt, hagelte, gehagelt

der Hahn, die Hähne

der Hai, die Haie

der Ha|ken, die Haken

halb

hal|be, halber, halbes

hal|bie|ren, halbiert, halbierte, halbiert

sie half (→ helfen)

die Hälf|te, die Hälften

die Hal|le, die Hallen

hal|lo! *(Ausruf zur Begrüßung)*

das Hal|lo|ween

der Hals, die Hälse

er hält (→ halten)

sie hält an (→ anhalten)

halt|bar

---

zu **halb/Halbes:**

Kleinschreibung:
• Es ist halb zwei.

Großschreibung:
• nichts Halbes und nichts Ganzes
• Der Bayer bestellte eine Halbe.
(= eine halbe Maß Bier)

zusammen:
• halbbittere Schokolade
• Die Fähre fährt halbstündlich.

getrennt *oder* zusammen:
• ein halbvolles *oder* halb volles Glas
• Der alte Hund ist halbblind *oder* halb blind.

A
B
C
D
E
F
G
H
I
J
K
L
M
N
O
P
Q
R
S
T
U
V
W
X
Y
Z

hal|ten, hält, hielt, gehalten
die Hal|te|stel|le,
die Haltestellen
Ham|burg
der Ham|bur|ger,
die Hamburger
der Ham|mer, die Hammer
der Hams|ter, die Hamster
die Hand, die Hände
han|deln, handelt,
handelte, gehandelt
der Händ|ler, die Händler
die Hand|lung, die Handlungen
der Hand|stand
das Hand|tuch, die Handtücher
der Hand|wer|ker,
die Handwerker
die Hand|wer|ke|rin,
die Handwerkerinnen
das Han|dy, die Handys
(Mobiltelefon)
der Hang, die Hänge
hän|gen, hängt, hing,
gehangen
hap|py (englisches Wort
für glücklich)
die Hard|ware (Sammelbegriff
für die elektronischen
Bauteile eines Computers,
zu denen z.B. die Festplatte
gehört)

die Har|ke, die Harken
har|ken, harkt, harkte,
geharkt
hart, härter, am härtesten
(↔ weich)
die Här|te, die Härten
der Ha|se, die Hasen
die Ha|sel|nuss, die Haselnüsse
der Hass
has|sen, hasst, hasste,
gehasst
häss|lich (↔ schön)
die Hast (Eile)
has|ten, hastet, hastete,
gehastet
er hat (→ haben)
sie hat|te (→ haben)
der Hau|fen, die Haufen
häu|fig (↔ selten)
das Haupt, die Häupter
der Häupt|ling, die Häuptlinge
die Haupt|sa|che
die Haupt|schu|le,
die Hauptschulen
(eine Schulform der
weiterführenden Schule)
die Haupt|stadt,
die Hauptstädte
das Haus, die Häuser
die Haus|auf|ga|be,
die Hausaufgaben

der **Haus|halt,** die Haushalte

der **Haus|meis|ter,** die Hausmeister

die **Haus|meis|te|rin,** die Hausmeisterinnen

das **Haus|tier,** die Haustiere

die **Haut,** die Häute

der **He|bel,** die Hebel

he|ben, hebt, hob, gehoben

die **He|cke,** die Hecken

zu **Haus:**

getrennt *oder* **zusammen:**
- nach Hause *oder* nachhause
- zu Hause *oder* zuhause

zu **heilig/Heilig:**

Kleinschreibung:
- die heilige Taufe
- der heilige Laurentius

Großschreibung:
- die Heilige Schrift
- die Heiligen Drei Könige
- der Heilige Geist

das **Heer,** die Heere

die **He|fe**

das **Heft,** die Hefte

der **Hef|ter,** die Hefter

hef|tig

heil (↔ *zerstört*)

hei|len, heilt, heilte, geheilt

hei|lig

Hei|lig|abend

das **Heim,** die Heime

die **Hei|mat**

heim|lich

das **Heim|weh**

hei|ra|ten, heiratet, heiratete, geheiratet

hei|ser

heiß (↔ *kalt*)

hei|ßen, heißt, hieß, geheißen

hei|zen, heizt, heizte, geheizt

die **Hei|zung,** die Heizungen

der **Held,** die Helden

die **Hel|din,** die Heldinnen

hel|fen, hilft, half, geholfen

hell (↔ *dunkel, duster*)

der **Helm,** die Helme

das **Hemd,** die Hemden

der **Hengst,** die Hengste

die **Hen|ne,** die Hennen

her

A
B
C
D
E
F
G
H
I
J
K
L
M
N
O
P
Q
R
S
T
U
V
W
X
Y
Z

he|rab (her|ab)
he|ran (her|an)
he|rauf (her|auf)
he|raus (her|aus)
her|bei
der Herbst, die Herbste
herbst|lich
der Herd, die Herde
die Her|de, die Herden
he|rein (her|ein)
der He|ring, die Heringe
der Herr, die Herren
herr|lich
herr|schen, herrscht, herrschte, geherrscht
der Herr|scher, die Herrscher
die Herr|sche|rin, die Herrscherinnen
her|stel|len, stellt her, stellte her, hergestellt
die Her|stel|lung
he|rum (her|um)
he|run|ter (her|un|ter)
her|vor
das Herz, die Herzen
herz|lich
Hes|sen
die Het|ze
het|zen, hetzt, hetzte, gehetzt
das Heu

heu|len, heult, heulte, geheult
heu|te
die He|xe, die Hexen
he|xen, hext, hexte, gehext
hi! (Ausruf zur Begrüßung)
er hielt (→ halten)
sie hielt an (→ anhalten)
hier
er hieß (→ heißen)
die Hil|fe, die Hilfen
sie hilft (→ helfen)
die Him|bee|re, die Himbeeren
der Him|mel, die Himmel
himm|lisch (↔ irdisch)
hin
hi|naus (hin|aus)
das Hin|der|nis, die Hindernisse
der Hin|du|is|mus (eine Religion)
hi|nein (hin|ein)
hin|fal|len, fällt hin, fiel hin, hingefallen
er hing (→ hängen)
hin|le|gen, legt hin, legte hin, hingelegt
sich hin|set|zen, setzt sich hin, setzte sich hin, hat sich hingesetzt
hin|stel|len, stellt hin, stellte hin, hingestellt

hin|ten

hin|ter

der Hin|ter|grund, die Hintergründe

hin|ter|her

der Hin|tern, die Hintern

hi|nü|ber (hin|ü|ber)

hin|zu

der Hirsch, die Hirsche

die Hit|ze

er hob (→ heben)

das Hob|by, die Hobbys
(*englisches Wort für Freizeitbeschäftigung*)

hoch, höher, am höchsten (↔ *niedrig*)

die Hoch|zeit, die Hochzeiten

ho|cken, hockt, hockte, gehockt

der Ho|cker, die Hocker

der Ho|den, die Hoden

der Hof, die Höfe

hof|fen, hofft, hoffte, gehofft

hof|fent|lich

die Hoff|nung, die Hoffnungen

die Höf|lich|keit

die Hö|he, die Höhen

hohl

die Höh|le, die Höhlen

ho|len, holt, holte, geholt

die Höl|le

das Holz, die Hölzer

die Home|page, die Homepages (*im Internet aufrufbare Seite*)

der Ho|nig, die Honige

hop|sen, hopst, hopste, gehopst

hö|ren, hört, hörte, gehört

der Ho|ri|zont, die Horizonte

das Horn, die Hörner

---

 zu hoch:

getrennt:
- Er kann sehr hoch springen.
- Der Gepäckträger ist hoch beladen.

zusammen:
- hochspringen (= Hochsprung betreiben)
- hochstapeln (= angeben)

getrennt *oder* zusammen:
- eine hochkomplizierte *oder* hoch komplizierte Rechenaufgabe

das **Ho|ros|kop (Ho|ro|skop)**, die Horoskope *(Versuch einer Zukunftsvoraussage anhand der Stellung der Planeten)*

die **Ho|se**, die Hosen

das **Ho|tel**, die Hotels

hübsch

der **Hub|schrau|ber**, die Hubschrauber

der **Huf**, die Hufe

das **Huf|ei|sen**, die Hufeisen

die **Hüf|te**, die Hüften

der **Hü|gel**, die Hügel

das **Huhn**, die Hühner

die **Hül|le**, die Hüllen

die **Hum|mel**, die Hummeln

hum|peln, humpelt, humpelte, gehumpelt

der **Hund**, die Hunde

hun|dert, hunderte

der **Hun|ger**

hung|rig *(↔ satt)*

die **Hu|pe**, die Hupen

hu|pen, hupt, hupte, gehupt

hüp|fen, hüpft, hüpfte, gehüpft

der **Hus|ten**

hus|ten, hustet, hustete, gehustet

der **Hut**, die Hüte

die **Hüt|te**, die Hütten

I

der **ICE**, die ICEs *(Abkürzung für Intercityexpresszug)*

ich

ide|al

die **Idee**, die Ideen

der **Idi|ot**, die Idioten

idi|o|tisch

der **Igel**, die Igel

das **Ig|lu**, die Iglus

ihm

ihn

ih|nen

ihr

ih|re, ihrer, ihres

die **Il|lus|tra|ti|on (Il|lust|ra|ti|on)**, die Illustrationen

der **Il|lus|tra|tor (Il|lust|ra|tor)**, die Illustratoren

die **Il|lus|tra|to|rin (Il|lust|ra|to|rin)**, die Illustratorinnen

der **Il|tis**, die Iltisse

im

der **Im|ker,** die Imker

im|mer

das **Im|per|fekt** *(Zeitform: Präteritum)*

imp|fen, impft, impfte, geimpft

die **Imp|fung,** die Impfungen

in

der **In|di|a|ner,** die Indianer

die **In|dus|trie** (In|dust|rie), die Industrien

die **In|fek|ti|on,** die Infektionen *(Ansteckung mit einer Krankheit)*

der **In|fi|ni|tiv** *(Grundform des Verbs)*

die **In|for|ma|ti|on,** die Informationen

in|for|mie|ren, informiert, informierte, informiert

der **In|ge|ni|eur,** die Ingenieure

die **In|ge|ni|eu|rin,** die Ingenieurinnen

der **In|halt,** die Inhalte

der **In|li|ner,** die Inliner

in|nen

in|ner|halb

ins

das **In|sekt,** die Insekten

die **In|sel,** die Inseln

das **Ins|tru|ment** (In|stru|ment), die Instrumente

in|tel|li|gent

die **In|tel|li|genz**

in|te|res|sant (in|ter|es|sant) *(↔ langweilig)*

das **In|te|res|se** (In|ter|es|se), die Interessen

in|ter|na|ti|o|nal

das **In|ter|net** *(weltweites Computernetzwerk)*

das **In|ter|view,** die Interviews *(Befragung einer Person, z.B. durch einen Reporter)*

die **Inu|it** *(Selbstbezeichnung der Eskimos; übersetzt heißt das Wort „Menschen")*

in|zwi|schen

ir|gend|et|was

zu **irgend:**

getrennt:
- irgend so ein Buch
- irgend so jemand

zusammen:
- irgendein Buch
- irgendjemand

181

A
B
C
D
E
F
G
H
I
J
K
L
M
N
O
P
Q
R
S
T
U
V
W
X
Y
Z

ir|gend|wann
ir|gend|wie
ir|gend|wo
irisch
Ir|land
sich ir|ren, irrt sich, irrte sich, hat sich geirrt
der Irr|gar|ten, die Irrgärten
der Irr|tum, die Irrtümer
der Is|lam (eine Religion)
sie isst (→ essen)
sie ist (→ sein)
Ita|li|en
ita|li|e|nisch

J

ja
die Ja|cke, die Jacken
die Jagd, die Jagden
ja|gen, jagt, jagte, gejagt
der Jä|ger, die Jäger
die Jä|ge|rin, die Jägerinnen
das Jahr, die Jahre
das Jahr|hun|dert, die Jahrhunderte
jähr|lich
der Jahr|markt, die Jahrmärkte

das Jahr|tau|send, die Jahrtausende
das Jahr|zehnt, die Jahrzehnte
der Jam|mer
jäm|mer|lich
jam|mern, jammert, jammerte, gejammert
der Ja|nu|ar
Ja|pan
ja|pa|nisch
ja|wohl
der Jazz (eine Musikrichtung)
die Jeans, die Jeans
je|de, jeder, jedes
je|den|falls
je|doch
der Jeep, die Jeeps (ein Geländewagen)
je|mand, jemanden

 zu **ja/Ja:**

Kleinschreibung:
• aber ja
• jaja
• ach ja
Großschreibung:
• mit Ja antworten
• das Ja und Nein

Je|sus *(Sohn Gottes im Christentum)*

jetzt

der Job, die Jobs *(englisches Wort für Arbeit, Arbeitsstelle)*

jo|deln, jodelt, jodelte, gejodelt

jog|gen, joggt, joggte, gejoggt

der Jo|gurt, die Jogurts

die Jo|han|nis|bee|re, die Johannisbeeren

jong|lie|ren, jongliert, jonglierte, jongliert

der Jour|na|list, die Journalisten *(Mann, der beruflich für die Presse schreibt, z.B. für eine Zeitung oder das Fernsehen)*

die Jour|na|lis|tin, die Journalistinnen

ju|beln, jubelt, jubelte, gejubelt

ju|cken, juckt, juckte, gejuckt

der Ju|de, die Juden

das Ju|den|tum *(eine Religion)*

die Jü|din, die Jüdinnen

das Ju|do *(eine Sportart)*

die Ju|gend

die Ju|gend|her|ber|ge, die Jugendherbergen

ju|gend|lich

der Ju|gend|li|che, die Jugendlichen

die Ju|gend|li|che, die Jugendlichen

die Ju|gend|wei|he, die Jugendweihen *(feierliche Veranstaltung beim Übergang der Jugendlichen in das Erwachsenenleben)*

der Ju|li

jung, jünger, am jüngsten *(↔ alt)*

der Jun|ge, die Jungen

der Ju|ni

die Ju|ry, die Jurys

das Ju|wel, die Juwelen

K

das Ka|bel, die Kabel

die Ka|bi|ne, die Kabinen

die Ka|chel, die Kacheln

der Kä|fer, die Käfer

der Kaf|fee, die Kaffees

der Kä|fig, die Käfige

kahl

der **Kahn,** die Kähne
der **Kai|ser,** die Kaiser
die **Kai|se|rin,**
    die Kaiserinnen
der **Ka|kao,** die Kakaos
der **Kak|tus,** die Kakteen
das **Kalb,** die Kälber
der **Ka|len|der,** die Kalender
der **Kalk**
    kalt, kälter, am kältesten
    (↔ *warm*)
die **Käl|te**
er **kam** (→ kommen)
das **Ka|mel,** die Kamele
die **Ka|me|ra,** die Kameras
der **Ka|me|rad,** die Kameraden
die **Ka|me|ra|din,**
    die Kameradinnen
der **Ka|min,** die Kamine
der **Kamm,** die Kämme
    käm|men, kämmt, kämmte,
    gekämmt
die **Kam|mer,** die Kammern
der **Kampf,** die Kämpfe
    kämp|fen, kämpft, kämpfte,
    gekämpft
der **Ka|nal,** die Kanäle
der **Ka|na|ri|en|vo|gel,**
    die Kanarienvögel
das **Kän|gu|ru,** die Kängurus
das **Ka|nin|chen,** die Kaninchen

der **Ka|nis|ter,** die Kanister
sie **kann** (→ können)
die **Kan|ne,** die Kannen
er **kann|te** (→ kennen)
der **Ka|non,** die Kanons
die **Ka|no|ne,** die Kanonen
die **Kan|te,** die Kanten
der **Kanz|ler,** die Kanzler
die **Kanz|le|rin,**
    die Kanzlerinnen
die **Ka|pel|le,** die Kapellen
    ka|pie|ren, kapiert,
    kapierte, kapiert
der **Ka|pi|tän,** die Kapitäne
das **Ka|pi|tel,** die Kapitel
die **Kap|pe,** die Kappen
    ka|putt (↔ *heil, ganz*)
die **Ka|pu|ze,** die Kapuzen
das **Ka|ra|te** (*japanische*
    Kampfform, bei der
    es um waffenlose
    Selbstverteidigung geht)
der **Kar|frei|tag,**
    die Karfreitage
    ka|riert
der **Ka|ri|es** (*Zahnkrankheit*)
der **Kar|ne|val,** die Karnevals
die **Ka|rot|te,** die Karotten
der **Karp|fen,** die Karpfen
die **Kar|re,** die Karren
die **Kar|te,** die Karten

die Kar|tof|fel, die Kartoffeln

der Kar|ton, die Kartons

das Ka|rus|sell, die Karussells

der Kä|se

der Kas|per, die Kasper

die Kas|se, die Kassen

die Kas|set|te, die Kassetten

der Kas|set|ten|re|kor|der, die Kassettenrekorder

die Kas|ta|nie, die Kastanien

der Ka|ta|log, die Kataloge

der Ka|ta|ly|sa|tor, die Katalysatoren *(Gerät zur Abgasreinigung beim Auto)*

zu kaputt:

getrennt:
- kaputt sein: Das Spielzeug ist kaputt.

zusammen:
- Wir haben uns kaputtgelacht.

getrennt *oder* **zusammen:**
- Paul hat das Spielzeug kaputtgemacht *oder* kaputt gemacht.

die Ka|tas|tro|phe (Ka|ta|stro|phe), die Katastrophen *(ein großes Unglück)*

der Ka|ter, die Kater

ka|tho|lisch

die Kat|ze, die Katzen

kau|en, kaut, kaute, gekaut

kau|fen, kauft, kaufte, gekauft

der Kau|gum|mi, die Kaugummis

die Kaul|quap|pe, die Kaulquappen

kaum

der Ke|gel, die Kegel

ke|geln, kegelt, kegelte, gekegelt

keh|ren, kehrt, kehrte, gekehrt

der Keil, die Keile

kei|men, keimt, keimte, gekeimt

kein, keine, keiner

der Keks, die Kekse

der Kel|ler, die Keller

der Kell|ner, die Kellner

die Kell|ne|rin, die Kellnerinnen

ken|nen, kennt, kannte, gekannt

der **Kerl,** die Kerle
der **Kern,** die Kerne
die **Ker|ze,** die Kerzen
der **Kes|sel,** die Kessel
der **Ket|schup (Ketsch|up),**
   die Ketschups
die **Ket|te,** die Ketten
keu|chen, keucht,
   keuchte, gekeucht
der **Keuch|hus|ten**
das **Key|board,** die Keyboards
   (ein elektronisches
   Tasteninstrument)

ki|chern, kichert, kicherte,
   gekichert
der **Kie|fer,** die Kiefer
   (ein Schädelknochen)
die **Kie|fer,** die Kiefern
   (ein Nadelbaum)
der **Kies**
das **Ki|lo|gramm,**
   5 Kilogramm
der **Ki|lo|me|ter,** 20 Kilometer
das **Kind,** die Kinder
der **Kin|der|gar|ten,**
   die Kindergärten
das **Kin|der|zim|mer,**
   die Kinderzimmer
kind|lich
das **Kinn,** die Kinne
das **Ki|no,** die Kinos

der **Ki|osk,** die Kioske
kip|pen, kippt, kippte,
   gekippt
die **Kir|che,** die Kirchen
die **Kir|sche,** die Kirschen
das **Kis|sen,** die Kissen
die **Kis|te,** die Kisten
der **Kit|tel,** die Kittel
kit|zeln, kitzelt, kitzelte,
   gekitzelt
die **Kla|ge,** die Klagen
kla|gen, klagt, klagte,
   geklagt
der **Klä|ger,** die Kläger
die **Klä|ge|rin,** die Klägerinnen
die **Klam|mer,** die Klammern
klam|mern, klammert,
   klammerte, geklammert
sie **klang** (→ klingen)
die **Klap|pe,** die Klappen
klap|pen, klappt, klappte,
   geklappt
klap|pern, klappert,
   klapperte, geklappert
der **Klaps,** die Klapse
klar
die **Klär|an|la|ge,**
   die Kläranlagen
klä|ren, klärt, klärte, geklärt
die **Klar|heit**
die **Klas|se,** die Klassen

zu **klar/im Klaren:**

Kleinschreibung:
- klares Wasser
- Wir hatten klare Sicht bis zu den Alpen.
- Das ist doch klar!

Großschreibung:
- sich über etwas im Klaren sein

zu **klein/Kleines:**

Kleinschreibung:
- ein kleines Kind
- ein klein wenig
- von klein auf

Großschreibung:
- das Kleingedruckte
- Groß und Klein
- die lieben Kleinen

getrennt *oder* zusammen:
- Auf dem winzigen Zettel musste ich klein schreiben. (= in kleiner Schrift)
- Adjektive muss man kleinschreiben. (= mit kleinem Anfangsbuchstaben)

die **Klas|sen|fahrt,**
die Klassenfahrten

der **Klas|sen|ka|me|rad,**
die Klassenkameraden

die **Klas|sen|ka|me|ra|din,**
die Klassenkameradinnen

der **Klas|sen|leh|rer,**
die Klassenlehrer

die **Klas|sen|leh|re|rin,**
die Klassenlehrerinnen

der **Klas|sen|raum,**
die Klassenräume

der **Klas|sen|spre|cher,**
die Klassensprecher

klat|schen, klatscht, klatschte, geklatscht

klau|en, klaut, klaute, geklaut

das **Kla|vier,** die Klaviere

kle|ben, klebt, klebte, geklebt

der **Kleb|stoff,** die Klebstoffe

kle|ckern, kleckert, kleckerte, gekleckert

der **Klecks,** die Kleckse

der **Klee**

das **Klee|blatt,** die Kleeblätter

das **Kleid,** die Kleider

der **Klei|der|schrank,**
die Kleiderschränke

klein (↔ *groß*)

die **Klei|nig|keit**, die Kleinigkeiten

klem|men, klemmt, klemmte, geklemmt

die **Klet|te**, die Kletten

klet|tern, klettert, kletterte, geklettert

das **Kli|ma**

die **Klin|gel**, die Klingeln

klin|geln, klingelt, klingelte, geklingelt

klin|gen, klingt, klang, geklungen

die **Kli|nik**, die Kliniken

die **Klin|ke**, die Klinken

die **Klip|pe**, die Klippen

klir|ren, klirrt, klirrte, geklirrt

das **Klo**, die Klos

klop|fen, klopft, klopfte, geklopft

der **Kloß**, die Klöße

das **Klos|ter**, die Klöster

der **Klotz**, die Klötze

klug, klüger, am klügsten (↔ dumm)

die **Klug|heit**

knab|bern, knabbert, knabberte, geknabbert

das **Knä|cke|brot**, die Knäckebrote

kna|cken, knackt, knackte, geknackt

der **Knall**, die Knalle

knal|len, knallt, knallte, geknallt

der **Knecht**, die Knechte

die **Kne|te**

kne|ten, knetet, knetete, geknetet

kni|cken, knickt, knickte, geknickt

der **Knicks**, die Knickse

das **Knie**, die Knie

knir|schen, knirscht, knirschte, geknirscht

knis|tern, knistert, knisterte, geknistert

der **Knob|lauch**

der **Kno|chen**, die Knochen

der **Knopf**, die Knöpfe

die **Knos|pe**, die Knospen

der **Kno|ten**, die Knoten

der **Koch**, die Köche

ko|chen, kocht, kochte, gekocht

die **Kö|chin**, die Köchinnen

der **Kof|fer**, die Koffer

der **Kohl**

die **Koh|le**, die Kohlen

die **Ko|kos|nuss**, die Kokosnüsse

ko|misch

das **Kom|ma,** die Kommas
(ein Satzzeichen)

kom|man|die|ren,
kommandiert, kommandierte,
kommandiert

das **Kom|man|do,**
die Kommandos

kom|men, kommt, kam,
gekommen

der **Kom|mis|sar,**
die Kommissare

die **Kom|mis|sa|rin,**
die Kommissarinnen

die **Kom|mo|de,**
die Kommoden

die **Kom|mu|ni|on,**
die Kommunionen

der **Kom|pass,**
die Kompasse

kom|plett

kom|pli|ziert (↔ *einfach*)

kom|po|nie|ren,
komponiert, komponierte,
komponiert

der **Kom|po|nist,**
die Komponisten

die **Kom|po|nis|tin,**
die Komponistinnen

der **Kom|post**

die **Kon|fir|ma|ti|on,**
die Konfirmationen

die **Kon|fi|tü|re,**
die Konfitüren *(Marmelade
mit Fruchtstückchen)*

der **Kö|nig,** die Könige

die **Kö|ni|gin,** die Königinnen

kö|nig|lich

kön|nen, kann, konnte,
gekonnt

er **konn|te** (→ können)

die **Kon|ser|ve,**
die Konserven

die **Kon|ser|ven|büch|se,**
die Konservenbüchsen

der **Kon|so|nant,**
die Konsonanten *(Mitlaut)*

der **Kon|takt,** die Kontakte

der **Kon|ti|nent,** die Kontinente
(Erdteil, z.B. Afrika)

das **Kon|to,** die Konten

die **Kon|trol|le (Kont|rol|le),**
die Kontrollen

**kon|trol|lie|ren
(kont|rol|lie|ren),**
kontrolliert, kontrollierte,
kontrolliert

die **Kon|zen|tra|ti|on
(Kon|zent|ra|ti|on)**

A B C D E F G H I J **K** L M N O P Q R S T U V W X Y Z

sich **kon|zen|trie|ren
(kon|zent|rie|ren),**
konzentriert sich,
konzentrierte sich,
hat sich konzentriert

das **Kon|zert,** die Konzerte

der **Kopf,** die Köpfe

der **Kopf|hö|rer,** die Kopfhörer

die **Ko|pie,** die Kopien
ko|pie|ren, kopiert,
kopierte, kopiert

der **Korb,** die Körbe

der **Kor|ken,** die Korken

der **Kör|per,** die Körper

die **Kor|rek|tur,**
die Korrekturen
kor|ri|gie|ren, korrigiert,
korrigierte, korrigiert
kost|bar (↔ wertlos)

die **Kos|ten**
kos|ten, kostet, kostete,
gekostet

das **Kos|tüm,** die Kostüme
krab|beln, krabbelt,
krabbelte, gekrabbelt

der **Krach**
kra|chen, kracht, krachte,
gekracht
kräch|zen, krächzt,
krächzte, gekrächzt

die **Kraft,** die Kräfte

kräf|tig (↔ schwach)

der **Kra|gen,** die Kragen

die **Krä|he,** die Krähen

die **Kral|le,** die Krallen

der **Kram**

kra|men, kramt, kramte,
gekramt

der **Kran,** die Kräne

krank, kränker, am
kränksten (↔ gesund)

das **Kran|ken|haus,**
die Krankenhäuser

der **Kran|ken|pfle|ger,**
die Krankenpfleger

die **Kran|ken|schwes|ter,**
die Krankenschwestern

der **Kran|ken|wa|gen,**
die Krankenwagen

die **Krank|heit,**
die Krankheiten

der **Kranz,** die Kränze

der **Kra|ter,** die Krater
krat|zen, kratzt, kratzte,
gekratzt

das **Kraut,** die Kräuter

die **Kra|wat|te,** die Krawatten

der **Krebs,** die Krebse

die **Krei|de,** die Kreiden

der **Kreis,** die Kreise

der **Krei|sel,** die Kreisel

das **Kreuz,** die Kreuze

die **Kreu|zung,** die Kreuzungen

krie|chen, kriecht, kroch, gekrochen

der **Krieg,** die Kriege

krie|gen, kriegt, kriegte, gekriegt

der **Kri|mi,** die Krimis

die **Krip|pe,** die Krippen

Kro|a|ti|en

kro|a|tisch

sie **kroch** (→ kriechen)

das **Kro|ko|dil,** die Krokodile

der **Kro|kus,** die Krokusse

die **Kro|ne,** die Kronen

die **Krö|te,** die Kröten

die **Krü|cke,** die Krücken

der **Krug,** die Krüge

krumm (↔ gerade)

die **Krus|te,** die Krusten

die **Kü|che,** die Küchen

der **Ku|chen,** die Kuchen

der **Ku|ckuck,** die Kuckucke

die **Ku|gel,** die Kugeln

der **Ku|gel|schrei|ber,** die Kugelschreiber

die **Kuh,** die Kühe

kühl

küh|len, kühlt, kühlte, gekühlt

der **Kühl|schrank,** die Kühlschränke

das **Kü|ken,** die Küken

die **Kul|tur,** die Kulturen

der **Kum|mer**

sich **küm|mern,** kümmert sich, kümmerte sich, hat sich gekümmert

die **Kunst,** die Künste

der **Künst|ler,** die Künstler

die **Künst|le|rin,** die Künstlerinnen

künst|le|risch

der **Kunst|stoff,** die Kunststoffe

das **Kunst|stück,** die Kunststücke

kunst|voll

das **Kunst|werk,** die Kunstwerke

das **Kup|fer** *(ein Metall)*

der **Kür|bis,** die Kürbisse

die **Kur|ve,** die Kurven

kurz, kürzer, am kürzesten (↔ lang)

der **Kurz|schluss,** die Kurzschlüsse

ku|scheln, kuschelt, kuschelte, gekuschelt

der **Kuss,** die Küsse

A
B
C
D
E
F
G
H
I
J
K
L
M
N
O
P
Q
R
S
T
U
V
W
X
Y
Z

küs|sen, küsst, küsste,
geküsst

die Kut|sche, die Kutschen
kut|schie|ren, kutschiert,
kutschierte, kutschiert .

L

das La|bor, die Labors
das La|by|rinth,
die Labyrinthe *(Irrgarten)*
lä|cheln, lächelt, lächelte,
gelächelt
la|chen, lacht, lachte,
gelacht
der Lachs, die Lachse
der Lack, die Lacke
la|ckie|ren, lackiert,
lackierte, lackiert
der La|den, die Läden
la|den, lädt, lud, geladen
er lädt (→ laden)
sie lädt ein (→ einladen)
er lag (→ liegen)
das La|ger, die Lager
lahm
der Laich *(Eier von Wasser-*
tieren, z.B. Fröschen)

die La|krit|ze (Lak|rit|ze),
die Lakritzen
das La|ma, die Lamas
das La|met|ta
das Lamm, die Lämmer
die Lam|pe, die Lampen
das Land, die Länder
lan|den, landet, landete,
gelandet
die Land|schaft,
die Landschaften
die Lan|dung,
die Landungen
der Land|wirt, die Landwirte
die Land|wir|tin,
die Landwirtinnen
die Land|wirt|schaft
lang, länger, am längsten
(↔ kurz)
die Lan|ge|wei|le
lang|sam *(↔ schnell)*
längst
lang|wei|lig
(↔ interessant)
der Lap|pen, die Lappen
der Lap|top, die Laptops
(tragbarer kleiner
Computer)
der Lärm
die Lar|ve, die Larven
sie las (→ lesen)

er las vor (→ vorlesen)

der La|ser, die Laser

der La|ser|dru|cker,
die Laserdrucker (Drucker,
der mit Lasertechnik
arbeitet)

las|sen, lässt, ließ,
gelassen

läs|sig

das Las|so, die Lassos

sie lässt (→ lassen)

er lässt los (→ loslassen)

läs|tern, lästert, lästerte,
gelästert

der Last|wa|gen,
die Lastwagen

das La|tein

la|tei|nisch

die La|ter|ne, die Laternen

das Laub

der Laub|baum,
die Laubbäume

lau|ern, lauert, lauerte,
gelauert

lau|fen, läuft, lief,
gelaufen

der Läu|fer, die Läufer

die Läu|fe|rin,
die Läuferinnen

sie läuft (→ laufen)

er läuft weg (→ weglaufen)

laut (↔ leise)

der Laut, die Laute

der Laut|spre|cher,
die Lautsprecher

die La|va (geschmolzenes
Gestein, das aus einem
Vulkan austritt)

die La|wi|ne, die Lawinen

das Le|ben, die Leben

le|ben, lebt, lebte, gelebt

le|ben|dig (↔ tot)

leb|haft

der Leb|ku|chen,
die Lebkuchen

le|cken, leckt, leckte,
geleckt

le|cker

das Le|der, die Leder

le|dig|lich

leer (↔ voll)

die Lee|re

le|gen, legt, legte, gelegt

der Lehm

die Leh|ne, die Lehnen

leh|ren, lehrt, lehrte,
gelehrt

der Leh|rer, die Lehrer

die Leh|re|rin,
die Lehrerinnen

der Leib, die Leiber

die Lei|che, die Leichen

A
B
C
D
E
F
G
H
I
J
K
L
M
N
O
P
Q
R
S
T
U
V
W
X
Y
Z

leicht (↔ *schwer*)

die Leich|tig|keit

der Leicht|sinn

leicht|sin|nig

das Leid, die Leiden

lei|den, leidet, litt, gelitten

lei|der

leidtun

lei|hen, leiht, lieh, geliehen

der Leim

lei|men, leimt, leimte,
geleimt

die Lei|ne, die Leinen

lei|se (↔ *laut*)

leis|ten, leistet, leistete,
geleistet

die Leis|tung, die Leistungen

die Lei|ter, die Leitern

der Len|ker, die Lenker

der Le|o|pard, die Leoparden

die Ler|che, die Lerchen

ler|nen, lernt, lernte,
gelernt

das Le|se|buch,
die Lesebücher

le|sen, liest, las, gelesen

let|tisch

Lett|land

letz|te, letzter, letztes

leuch|ten, leuchtet,
leuchtete, geleuchtet

 zu **leicht/Leichtes:**

Kleinschreibung:
- ein leichtes Päckchen
- eine leichte Aufgabe

Großschreibung:
- Das ist mir ein Leichtes!
- Er isst mittags gern etwas Leichtes.

getrennt *oder* zusammen:
- leichtverletzte *oder* leicht verletzte Personen
- leichtverständliche *oder* leicht verständliche Übungen

 zu **leid/Leid:**

Kleinschreibung:
- leidtun: es tut mir leid; das wird dir noch leidtun
- Ich bin es leid!

Großschreibung:
- jemandem sein Leid klagen
- Geteiltes Leid ist halbes Leid!

der **Leucht|turm,**
die Leuchttürme

die **Leu|te**

das **Le|xi|kon,** die Lexika
(alphabetisch geordnetes
Nachschlagewerk, z.B.
ein Wörterbuch)

die **Li|bel|le,** die Libellen

das **Licht,** die Lichter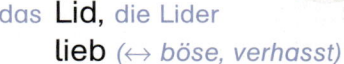

das **Lid,** die Lider

lieb *(↔ böse, verhasst)*

die **Lie|be**

lie|ben, liebt, liebte, geliebt

lie|ber

der **Lieb|ling,** die Lieblinge

das **Lied,** die Lieder

sie **lief** (→ laufen)

 zu **letzte/Letzte:**

Kleinschreibung:
• zum letzten Mal
• das letzte Stündlein
Großschreibung:
• Anna war die Letzte,
  die kam.
• Das ist echt das
  Letzte!
• Den Letzten beißen
  die Hunde.

er **lief weg** (→ weglaufen)

lie|fern, liefert, lieferte,
geliefert

die **Lie|fe|rung,** die Lieferungen

die **Lie|ge,** die Liegen

lie|gen, liegt, lag, gelegen

sie **lieh** (→ leihen)

er **lieh aus** (→ ausleihen)

sie **ließ** (→ lassen)

er **ließ zu** (→ zulassen)

sie **liest** (→ lesen)

er **liest vor** (→ vorlesen)

der **Lift,** die Lifte

die **Li|ga,** die Ligen
(Wettkampfklasse im
Sport, z.B. Bundesliga im
Fußball)

der **Li|kör,** die Liköre

li|la

die **Li|lie,** die Lilien

die **Li|mo|na|de,**
die Limonaden

die **Lin|de,** die Linden

das **Li|ne|al,** die Lineale

die **Li|nie,** die Linien

lin|ke, linker, linkes

links

der **Links|hän|der,**
die Linkshänder

die **Lin|se,** die Linsen

die **Lip|pe,** die Lippen

der **Lip|pen|stift,**
die Lippenstifte

die **List,** die Listen

die **Lis|te,** die Listen

lis|tig

Li|tau|en

li|tau|isch

der **Li|ter,** die Liter

die **Li|te|ra|tur**

sie **litt** (→ leiden)

das **Lob**

lo|ben, lobt, lobte, gelobt

das **Loch,** die Löcher

die **Lo|cke,** die Locken

lo|cken, lockt, lockte,
gelockt

lo|cker (↔ fest)

lo|ckig (↔ glatthaarig)

der **Löf|fel,** die Löffel

er **log** (→ lügen)

lo|gisch

der **Lohn,** die Löhne

das **Lo|kal,** die Lokale

die **Lo|ko|mo|ti|ve,**
die Lokomotiven

los

das **Los,** die Lose

lö|schen, löscht, löschte,
gelöscht

lö|sen, löst, löste, gelöst

los|las|sen, lässt los,
ließ los, losgelassen

die **Lö|sung,** die Lösungen

das **Lot|to**

der **Lö|we,** die Löwen

der **Lö|wen|zahn**

die **Lü|cke,** die Lücken

sie **lud** (→ laden)

er **lud ein** (→ einladen)

die **Luft,** die Lüfte

der **Luft|bal|lon,**
die Luftballons

luf|tig

die **Lüf|tung,** die Lüftungen

die **Lü|ge,** die Lügen

lü|gen, lügt, log, gelogen

der **Lüg|ner,** die Lügner

die **Lüg|ne|rin,**
die Lügnerinnen

die **Lun|ge,** die Lungen

die **Lu|pe,** die Lupen

die **Lust,** die Lüste

lus|tig

lut|schen, lutscht,
lutschte, gelutscht

der **Lut|scher,** die Lutscher

Lu|xem|burg

lu|xem|bur|gisch

der **Lu|xus**

M

ma|chen, *macht, machte, gemacht*

die Macht, *die Mächte*

mäch|tig

das Mäd|chen, *die Mädchen*

die Ma|de, *die Maden*

er mag (→ *mögen*)

der Ma|gen, *die Mägen*

ma|ger (↔ *wohlgenährt, dick*)

der Mag|net (Ma|gnet), *die Magneten*

mag|ne|tisch (ma|gne|tisch)

der Mäh|dre|scher, *die Mähdrescher*

mä|hen, *mäht, mähte, gemäht*

das Mahl, *die Mähler*

mah|len, *mahlt, mahlte, gemahlen*

die Mahl|zeit, *die Mahlzeiten*

die Mäh|ne, *die Mähnen*

mah|nen, *mahnt, mahnte, gemahnt*

die Mah|nung, *die Mahnungen*

der Mai

die Mail|box, *die Mailboxen (Speicher, auf den Nachrichten aufgesprochen werden können, z.B. bei Handys)*

der Mais

die Ma|jes|tät, *die Majestäten*

ma|jes|tä|tisch

mal

das Mal, *die Male*

ma|len, *malt, malte, gemalt*

die Ma|ma, *die Mamas*

die Ma|mi, *die Mamis*

---

zu mal/Mal:

Kleinschreibung:
- 2-mal
- acht mal zwei ist sechzehn
- Wenn das mal gut geht!

Großschreibung:
- das erste, zweite, dritte Mal
- jedes Mal
- ein Dutzend Mal, Millionen Mal

A
B
C
D
E
F
G
H
I
J
K
L
M
N
O
P
Q
R
S
T
U
V
W
X
Y
Z

das **Mam|mut,** die Mammuts
(ausgestorbene Elefantenart)

man

man|che

manch|mal

die **Man|da|ri|ne,**
die Mandarinen

die **Man|del,** die Mandeln

die **Ma|ne|ge,** die Manegen
(Vorführfläche im Zirkus)

der **Mann,** die Männer

die **Mann|schaft,**
die Mannschaften

der **Man|tel,** die Mäntel

die **Map|pe,** die Mappen

das **Mär|chen,** die Märchen

die **Mar|ga|ri|ne**

der **Ma|ri|en|kä|fer,**
die Marienkäfer

die **Ma|ri|o|net|te,**
die Marionetten *(bewegliche
Puppe, die an Fäden hängt)*

die **Mar|ke,** die Marken

mar|kie|ren, markiert,
markierte, markiert

der **Markt,** die Märkte

die **Mar|me|la|de,**
die Marmeladen

der **Mar|mor**

der **Mars** *(ein Planet)*

der **März**

das **Mar|zi|pan**

die **Ma|schi|ne,** die Maschinen

die **Ma|sern** *(eine Krankheit)*

die **Mas|ke,** die Masken

sie **maß** *(→ messen)*

das **Maß,** die Maße

die **Mas|sa|ge,** die Massagen

mas|sie|ren, massiert,
massierte, massiert

mä|ßig

der **Maß|stab,** die Maßstäbe

der **Mast,** die Masten

das **Ma|te|ri|al,** die Materialien

die **Ma|the|ma|tik**

die **Ma|trat|ze (Mat|rat|ze),**
die Matratzen

der **Ma|tro|se (Mat|ro|se),**
die Matrosen

die **Mat|te,** die Matten

die **Mau|er,** die Mauern

mau|ern, mauert, mauerte,
gemauert

das **Maul,** die Mäuler

der **Maul|wurf,** die Maulwürfe

der **Mau|rer,** die Maurer

die **Maus,** die Mäuse

das **Maus|pad,** die Mauspads
*(Unterlage, auf der die
Computermaus bewegt wird)*

der **Me|cha|ni|ker,**
die Mechaniker

die **Me|cha|ni|ke|rin,**
die Mechanikerinnen

me|ckern, meckert,
meckerte, gemeckert

**Meck|len|burg-
Vor|pom|mern**

die **Me|dail|le,** die Medaillen

die **Me|di|en**

das **Me|di|ka|ment,**
die Medikamente

die **Me|di|zin**

das **Meer,** die Meere

das **Meer|schwein|chen,**
die Meerschweinchen

das **Mehl**

mehr

meh|re|re

die **Mehr|heit,**
die Mehrheiten

die **Mehr|zahl**

die **Mei|le,** die Meilen

mein, meine, meiner

mei|nen, meint, meinte,
gemeint

die **Mei|nung,**
die Meinungen

die **Mei|se,** die Meisen

meis|tens

der **Meis|ter,** die Meister

die **Meis|te|rin,**
die Meisterinnen

meis|tern, meistert,
meisterte, gemeistert

die **Meis|ter|schaft,**
die Meisterschaften

sich **mel|den,** meldet sich,
meldete sich, hat sich
gemeldet

die **Me|lo|die,** die Melodien

die **Me|lo|ne,** die Melonen

die **Men|ge,** die Mengen

der **Mensch,** die Menschen

die **Mensch|heit**

die **Mensch|lich|keit**

mer|ken, merkt, merkte,
gemerkt

das **Merk|mal,** die Merkmale

merk|wür|dig

die **Mes|se,** die Messen

mes|sen, misst, maß,
gemessen

das **Mes|ser,** die Messer

das **Me|tall,** die Metalle

der **Me|ter,** die Meter

die **Mett|wurst,**
die Mettwürste

der **Metz|ger,** die Metzger

mich

die **Mie|ne,** die Mienen

die **Mie|te,** die Mieten

mie|ten, mietet,
mietete, gemietet

das **Mi|kro|fon (Mik|ro|fon)**,
die Mikrofone

das **Mi|kros|kop (Mik|ros|kop)**,
die Mikroskope
(ein Gerät zur optischen Vergrößerung)

die **Mi|kro|wel|le (Mik|ro|wel|le)**,
die Mikrowellen *(ein Herd, der mit elektromagnetischen Wellen Speisen erwärmt)*

die **Milch**

mild *(↔ stark, scharf)*

die **Mil|li|ar|de**, die Milliarden

das **Mil|li|gramm**, 8 Milligramm

der **Mil|li|li|ter**, 20 Milliliter

der **Mil|li|me|ter**, 10 Millimeter

die **Mil|li|on**, die Millionen

die **Min|der|heit**, die Minderheiten

min|des|tens

die **Mi|ne**, die Minen

das **Mi|ne|ral|was|ser**

der **Mi|nis|ter**, die Minister

die **Mi|nis|te|rin**, die Ministerinnen

mi|nus

die **Mi|nu|te**, die Minuten

mir

mi|schen, mischt, mischte, gemischt

er **misst** (→ messen)

das **Miss|ver|ständ|nis**, die Missverständnisse

der **Mist**

mit

mit|ei|nan|der (mit|ein|an|der)

das **Mit|glied**, die Mitglieder

der **Mit|laut**, die Mitlaute

das **Mit|leid**

mit|ma|chen, macht mit, machte mit, mitgemacht

der **Mit|schü|ler**, die Mitschüler

die **Mit|schü|le|rin**, die Mitschülerinnen

der **Mit|tag**, die Mittage

das **Mit|tag|es|sen**, die Mittagessen

mit|tags

die **Mit|te**

mit|tei|len, teilt mit, teilte mit, mitgeteilt

die **Mit|tei|lung**, die Mitteilungen

das **Mit|tel|meer**

die **Mit|tel|schu|le**, die Mittelschulen *(eine Schulform)*

die Mit|ter|nacht,
die Mitternächte

der Mitt|woch,
die Mittwoche

mi|xen, mixt, mixte, gemixt

zu **mittags/Mittag:**

Kleinschreibung:
- Er kommt immer mittags.
- von morgens bis mittags

Großschreibung:
- Ich komme am Mittag.
- heute, gestern, morgen Mittag

zu **möglich/Mögliches:**

Kleinschreibung:
- so schnell wie möglich
- Das ist ja gar nicht möglich!

Großschreibung:
- sein Möglichstes tun
- Er tut alles Mögliche, um der Beste zu werden.

der Mi|xer, die Mixer

die Mö|bel

sie moch|te (→ mögen)

die Mo|de, die Moden

das Mo|dell, die Modelle

mo|dern (↔ altmodisch)

mo|disch

das Mo|fa, die Mofas

mo|geln, mogelt, mogelte, gemogelt

mö|gen, mag, mochte, gemocht

mög|lich

die Mög|lich|keit,
die Möglichkeiten

die Möh|re, die Möhren

die Mol|ke|rei, die Molkereien

der Mo|ment, die Momente

der Mo|nat, die Monate

mo|nat|lich

der Mönch, die Mönche

der Mond, die Monde

der Mo|ni|tor, die Monitore
(Bildschirm, z.B. beim Computer)

das Mons|ter, die Monster

der Mon|tag, die Montage

das Moor, die Moore

das Moos, die Moose

das Mo|ped, die Mopeds

der Mord, die Morde

A B C D E F G H I J K L **M** N O P Q R S T U V W X Y Z

der **Mör|der,** die Mörder
die **Mör|de|rin,**
    die Mörderinnen
mor|gen
der **Mor|gen,** die Morgen
mor|gens
morsch
die **Mo|schee,** die Moscheen
    (islamisches Gebetshaus)
der **Mo|tor,** die Motoren
das **Mo|tor|rad,**
    die Motorräder
das **Moun|tain|bike,**
    die Mountainbikes
    (geländetaugliches Fahrrad)
die **Mö|we,** die Möwen
der **MP3-Play|er,**
    die MP3-Player *(Gerät*
    zur Wiedergabe von
    Musikdateien)
die **Mü|cke,** die Mücken
mü|de *(↔ wach, frisch)*
die **Mü|dig|keit**
die **Mü|he,** die Mühen
die **Müh|le,** die Mühlen
müh|sam
der **Müll**
die **Müll|ab|fuhr,**
    die Müllabfuhren
der **Müll|ei|mer,**
    die Mülleimer

die **Mul|ti|pli|ka|ti|on,**
    die Multiplikationen
mul|ti|pli|zie|ren,
    multipliziert, multiplizierte,
    multipliziert
der **Mund,** die Münder
die **Mund|har|mo|ni|ka,**
    die Mundharmonikas
münd|lich *(↔ schriftlich)*
die **Mün|ze,** die Münzen
die **Mur|mel,** die Murmeln
mur|meln, murmelt,
    murmelte, gemurmelt
mur|ren, murrt, murrte,
    gemurrt
mür|risch
die **Mu|schel,** die Muscheln
das **Mu|se|um,** die Museen
das **Mu|si|cal,** die Musicals
    (ein Musiktheaterstück)
die **Mu|sik,** die Musiken
mu|si|ka|lisch
mu|si|zie|ren, musiziert,
    musizierte, musiziert
der **Mus|kel,** die Muskeln
das **Müs|li,** die Müslis
der **Mus|lim,** die Muslime
    (Anhänger des Islam)
die **Mus|li|ma,** die Muslimas
    (Anhängerin des Islam)
er **muss** *(→ müssen)*

müs|sen, *muss, musste,*
gemusst

sie **muss|te** (→ *müssen*)

das **Mus|ter,** die Muster

der **Mut**

mu|tig (↔ *feige*)

die **Mut|ter,** die Mütter

die **Mut|ti,** die Muttis

die **Müt|ze,** die Mützen

N

der **Na|bel,** die Nabel

nach

der **Nach|bar,** die Nachbarn

die **Nach|ba|rin,**
die Nachbarinnen

nach|dem

nach|den|ken, *denkt nach,*
dachte nach, nachgedacht

nach|ge|ben, *gibt nach,*
gab nach, nachgegeben

nach|ge|dacht
(→ *nachdenken*)

der **Nach|mit|tag,**
die Nachmittage

der **Nach|na|me,**
die Nachnamen

die **Nach|richt,** die Nachrichten

nächs|te, *nächster,*
nächstes

die **Nacht,** die Nächte

der **Nach|teil,** die Nachteile

der **Nach|tisch,** die Nachtische

nachts

der **Na|cken,** die Nacken

nackt (↔ *bekleidet,*
angezogen)

die **Na|del,** die Nadeln

der **Na|gel,** die Nägel

na|gen, *nagt, nagte, genagt*

nah, *näher, am nächsten*

die **Nä|he**

nä|hen, *näht, nähte, genäht*

sie **nahm** (→ *nehmen*)

er **nahm weg**
(→ *wegnehmen*)

die **Nah|rung**

die **Naht,** die Nähte

der **Na|me,** die Namen

der **Na|mens|tag,**
die Namenstage

näm|lich

sie **nann|te** (→ *nennen*)

der **Napf,** die Näpfe

die **Nar|be,** die Narben

die **Nar|ko|se,** die Narkosen
(Betäubung in der Medizin)

na|schen, *nascht, naschte,*
genascht

die **Na|se**, die Nasen

das **Nas|horn**,
die Nashörner

nass (↔ trocken)

die **Näs|se**

die **Na|ti|on**, die Nationen

die **Na|tur**

na|tür|lich (↔ künstlich)

der **Na|tur|schutz**

die **Na|tur|wis|sen|schaft**,
die Naturwissenschaften

der **Ne|bel**

ne|ben

ne|ben|an

neb|lig (↔ klar)

der **Nef|fe**, die Neffen

ne|ga|tiv (↔ positiv)

neh|men, nimmt, nahm,
genommen

der **Neid**

nei|disch

nein

die **Nel|ke**, die Nelken

nen|nen, nennt,
nannte, genannt

die **Ne|on|röh|re**,
die Neonröhren

der **Nerv**, die Nerven

ner|vös (↔ ruhig, entspannt)

das **Nest**, die Nester

nett

das **Netz**, die Netze

neu (↔ alt)

die **Neu|gier**

neu|gie|rig

die **Neu|ig|keit**,
die Neuigkeiten

das **Neu|jahr**

neu|lich

neun

neun|zehn

neun|zig

nicht

die **Nich|te**, die Nichten

nichts

ni|cken, nickt, nickte,
genickt

nie

die **Nie|der|lan|de**

nie|der|län|disch

zu **neu/Neues:**

Kleinschreibung:
- ein neues Auto
- das neue Jahr

Großschreibung:
- das Alte und das Neue
- Auf ein Neues!
- das Neue Testament

Nie|der|sach|sen

der Nie|der|schlag,
die Niederschläge

nied|lich

nied|rig (↔ hoch)

nie|mals

nie|mand, niemanden

die Nie|re, die Nieren

nie|sen, niest, nieste,
geniest

die Nie|te, die Nieten

der Ni|ko|laus

das Nil|pferd, die Nilpferde

er nimmt (→ nehmen)

sie nimmt weg
(→ wegnehmen)

nir|gend|wo

nis|ten, nistet, nistete,
genistet

die Ni|xe, die Nixen

noch

das No|men, die Nomen
(Wortart: Namenwort)

der No|mi|na|tiv
(1. Fall, Werfall)

der Nor|den

Nord|rhein-West|fa|len

die Nord|see

nör|geln, nörgelt,
nörgelte, genörgelt

nor|mal

Nor|we|gen

nor|we|gisch

die Not, die Nöte

die No|te, die Noten

no|tie|ren, notiert,
notierte, notiert

nö|tig

die No|tiz, die Notizen

der No|vem|ber

die Nu|del, die Nudeln

das Nu|gat (eine Süßigkeit
aus Nüssen)

null

die Null, die Nullen

die Num|mer, die Nummern

num|me|rie|ren,
nummeriert, nummerierte,
nummeriert

das Num|mern|schild,
die Nummernschilder

nun

nur

die Nuss, die Nüsse

der Nut|zen

nut|zen, nutzt, nutzte,
genutzt

nütz|lich

A
B
C
D
E
F
G
H
I
J
K
L
M
N
O
P
Q
R
S
T
U
V
W
X
Y
Z

O

die Oa|se, die Oasen
ob
oben
der Ober, die Ober
die Ober|flä|che,
   die Oberflächen
die Ober|lip|pe, die Oberlippen
der Ober|schen|kel,
   die Oberschenkel
das Ob|jekt, die Objekte
   (Gegenstand; bezeichnet
   auch eine sprachliche
   Ergänzung, z.B. das
   Akkusativobjekt)
das Obst
ob|wohl
der Och|se, die Ochsen
oder
der Ofen, die Öfen
of|fen (↔ *geschlossen, zu*)
öff|nen, öffnet, öffnete,
   geöffnet
die Öff|nung, die Öffnungen
oft, öfter
oh|ne
die Ohn|macht,
   die Ohnmachten
das Ohr, die Ohren

die Ohr|fei|ge, die Ohrfeigen
das Ohr|läpp|chen,
   die Ohrläppchen
okay
der Ok|to|ber
das Öl, die Öle
die Oli|ve, die Oliven
die Olym|pi|a|de,
   die Olympiaden (*die*
   Olympischen Spiele)
die Oma, die Omas
die Omi, die Omis
der On|kel, die Onkel
der Opa, die Opas
die Ope|ra|ti|on,
   die Operationen
ope|rie|ren, operiert,
   operierte, operiert
das Op|fer, die Opfer
op|fern, opfert, opferte,
   geopfert
der Opi, die Opis
oran|ge
die Oran|ge, die Orangen
der Oran|gen|saft,
   die Orangensäfte
das Or|ches|ter, die Orchester
der Or|den, die Orden
or|dent|lich
ord|nen, ordnet, ordnete,
   geordnet

die Ord|nung

die Or|ga|ni|sa|ti|on,
die Organisationen

or|ga|ni|sie|ren, organisiert,
organisierte, organisiert

die Or|gel, die Orgeln

der Ori|ent (die Länder
Vorder- und Mittelasiens)

der Or|kan, die Orkane
(stärkster Sturm)

der Ort, die Orte

die Ort|schaft,
die Ortschaften

der Os|ten

das Os|ter|ei, die Ostereier

der Os|ter|ha|se,
die Osterhasen

Os|tern

Ös|ter|reich

ös|ter|rei|chisch

die Ost|see

oval

der Oze|an, die Ozeane

P

paar

das Paar, die Paare

das Päck|chen, die Päckchen

zu **paar/Paar:**

Kleinschreibung:
• ein paar Leute
• ein paar Mal
• für ein paar Euro
Großschreibung:
• ein Paar Schuhe
• ein glückliches Paar

pa|cken, packt, packte,
gepackt

die Pa|ckung, die Packungen

das Pad|del, die Paddel

pad|deln, paddelt,
paddelte, gepaddelt

das Pa|ket, die Pakete

der Pa|last, die Paläste

die Pal|me, die Palmen

die Pa|nik

der Pan|tof|fel, die Pantoffeln

der Pan|zer, die Panzer

der Pa|pa, die Papas

der Pa|pa|gei, die Papageien

der Pa|pi, die Papis

das Pa|pier

die Pap|pe, die Pappen

die Pa|pri|ka (Pap|ri|ka),
die Paprikas

der Papst, die Päpste

das Pa|ra|dies, die Paradiese

das Par|fum, die Parfums

der Park, die Parks

par|ken, parkt, parkte, geparkt

die Par|tei, die Parteien

der Part|ner, die Partner

die Part|ne|rin, die Partnerinnen

die Par|ty, die Partys

der Pass, die Pässe

pas|sen, passt, passte, gepasst

pas|sie|ren, passiert, passierte, passiert

pas|siv (↔ aktiv)

die Pas|ta (italienisches Wort für Teigwaren, Nudeln)

der Pas|tor, die Pastoren

die Pas|to|rin, die Pastorinnen

der Pa|te, die Paten

die Pa|ten|schaft, die Patenschaften

der Pa|ti|ent, die Patienten

die Pa|ti|en|tin, die Patientinnen

die Pa|tin, die Patinnen

die Pa|tro|ne (Pat|ro|ne), die Patronen

die Pau|ke, die Pauken

pau|ken, paukt, paukte, gepaukt

die Pau|se, die Pausen

der Pa|zi|fik

der PC, die PCs (Abkürzung für englisch personal computer)

das Pech

der Pech|vo|gel, die Pechvögel

das Pe|dal, die Pedale

pein|lich

die Peit|sche, die Peitschen

der Pelz, die Pelze

peng

der Pe|nis, die Penisse

das Per|fekt (Zeitform: vollendete Gegenwart)

die Per|le, die Perlen

die Per|son, die Personen

per|sön|lich

die Pe|rü|cke, die Perücken

die Pe|ter|si|lie

pet|zen, petzt, petzte, gepetzt

der Pfad, die Pfade

der Pfad|fin|der, die Pfadfinder

die Pfad|fin|de|rin, die Pfadfinderinnen

die Pfan|ne, die Pfannen

der Pfar|rer, die Pfarrer

die Pfar|re|rin, die Pfarrerinnen

der Pfef|fer

die Pfef|fer|min|ze

die Pfei|fe, die Pfeifen

pfei|fen, pfeift, pfiff,
gepfiffen

der Pfeil, die Pfeile

das Pferd, die Pferde

sie pfiff (→ pfeifen)

Pfings|ten

der Pfir|sich, die Pfirsiche

die Pflan|ze, die Pflanzen

pflan|zen, pflanzt, pflanzte,
gepflanzt

das Pflas|ter, die Pflaster

die Pflau|me, die Pflaumen

pfle|gen, pflegt, pflegte,
gepflegt

die Pflicht, die Pflichten

pflü|cken, pflückt, pflückte,
gepflückt

der Pflug, die Pflüge

pflü|gen, pflügt, pflügte,
gepflügt

die Pfo|te, die Pfoten

das Pfund, die Pfunde

die Pfüt|ze, die Pfützen

die Phy|sik

der Pi|ckel, die Pickel

das Pick|nick, die Picknicks

pie|pen, piept, piepte,
gepiept

piep|sen, piepst, piepste,
gepiepst

der Pil|ger, die Pilger

die Pil|ge|rin, die Pilgerinnen

pil|gern, pilgert, pilgerte,
gepilgert

die Pil|le, die Pillen

der Pi|lot, die Piloten

die Pi|lo|tin, die Pilotinnen

der Pilz, die Pilze

der Pin|gu|in, die Pinguine

pink

die Pinn|wand,
die Pinnwände

der Pin|sel, die Pinsel

pin|seln, pinselt, pinselte,
gepinselt

das Pi|pi

der Pi|rat, die Piraten

die Pis|to|le, die Pistolen

die Piz|za, die Pizzen

das Pla|kat, die Plakate

der Plan, die Pläne

pla|nen, plant, plante,
geplant

der Pla|net,
die Planeten

plan|schen, planscht,
planschte, geplanscht

plap|pern, plappert,
plapperte, geplappert

das **Plas|tik**
platt
der **Platz,** die Plätze
das **Plätz|chen,** die Plätzchen
plat|zen, platzt, platzte,
geplatzt
plei|te (↔ zahlungsfähig)
die **Plom|be,** die Plomben
(Zahnfüllung)
plötz|lich
plump
der **Plu|ral** (Mehrzahl)
plus
der **Po|kal,** die Pokale
der **Pol,** die Pole
Po|len
die **Po|li|tik**
der **Po|li|ti|ker,** die Politiker
die **Po|li|ti|ke|rin,**
die Politikerinnen
po|li|tisch
die **Po|li|zei**
der **Po|li|zist,** die Polizisten
die **Po|li|zis|tin,**
die Polizistinnen
die **Pom|mes fri|tes**
das **Po|ny,** die Ponys
der **Pool,** die Pools (englisches
Wort für Schwimmbecken)
der **Po|po,** die Popos
die **Por|ti|on,** die Portionen

das **Port|mo|nee,** die
Portmonees
Por|tu|gal
por|tu|gie|sisch
das **Por|zel|lan**
po|si|tiv (↔ negativ)
die **Post**
der **Post|bo|te,** die Postboten
die **Post|bo|tin,** die
Postbotinnen
die **Post|kar|te,** die Postkarten
die **Post|leit|zahl,**
die Postleitzahlen
das **Prä|di|kat,** die Prädikate
(Satzaussage)
prak|tisch
die **Pra|li|ne,** die Pralinen
das **Prä|sens**
(Zeitform: Gegenwart)
der **Prä|si|dent,** die Präsidenten
die **Prä|si|den|tin,**
die Präsidentinnen
das **Prä|te|ri|tum**
(**Prä|ter|itum**)
(Zeitform: Vergangenheit)
pre|di|gen, predigt,
predigte, gepredigt
die **Pre|digt,** die Predigten
der **Preis,** die Preise
die **Pres|se**
die **Pres|se,** die Pressen

pres|sen, presst, presste, gepresst

der Pries|ter, die Priester

pri|ma

der Prinz, die Prinzen

die Prin|zes|sin, die Prinzessinnen

pri|vat (↔ öffentlich)

die Pro|be, die Proben

pro|ben, probt, probte, geprobt

pro|bie|ren, probiert, probierte, probiert

das Pro|blem (Prob|lem), die Probleme

das Pro|dukt, die Produkte (Erzeugnis, Ergebnis)

der Pro|fes|sor, die Professoren

die Pro|fes|so|rin, die Professorinnen

das Pro|gramm, die Programme

das Pro|jekt, die Projekte

der Pro|jek|tor, die Projektoren

die Pro|jekt|ta|ge

das Pro|no|men, die Pronomen (Wortart: Fürwort)

der Pro|pel|ler, die Propeller

der Pro|test, die Proteste

pro|tes|tie|ren, protestiert, protestierte, protestiert

das Pro|zent, die Prozente

prü|fen, prüft, prüfte, geprüft

die Prü|fung, die Prüfungen

die Pu|ber|tät

das Pu|bli|kum (Pub|li|kum)

der Pud|ding, die Puddings

der Pu|del, die Pudel

der Pu|der

der Pul|li, die Pullis

der Pul|lo|ver (Pull|o|ver), die Pullover

der Puls, die Pulse

das Pul|ver, die Pulver

der Punkt, die Punkte

pünkt|lich (↔ verspätet)

die Pu|pil|le, die Pupillen

die Pup|pe, die Puppen

pur|zeln, purzelt, purzelte, gepurzelt

die Pus|te|blu|me, die Pusteblumen

pus|ten, pustet, pustete, gepustet

put|zen, putzt, putzte, geputzt

put|zig

das Puz|zle (Puzz|le), die Puzzles

A
B
C
D
E
F
G
H
I
J
K
L
M
N
O
P
Q
R
S
T
U
V
W
X
Y
Z

der **Py|ja|ma**, die Pyjamas
(Schlafanzug)
die **Py|ra|mi|de**, die Pyramiden
(ägyptischer Grabbau)

Q

der **Qua|der**, die Quader (ein
rechteckiger Körper)
das **Qua|drat (Quad|rat)**,
die Quadrate (ein Viereck mit
vier gleich langen Seiten)
**qua|dra|tisch
(quad|ra|tisch)**
qua|ken, quakt, quakte,
gequakt
die **Qual**, die Qualen
quä|len, quält, quälte,
gequält
die **Qua|li|tät**,
die Qualitäten
die **Qual|le**, die Quallen
der **Qualm**
qual|men, qualmt,
qualmte, gequalmt
der **Quark**
das **Quar|tett**, die Quartette
quas|seln, quasselt,
quasselte, gequasselt

der **Quatsch**
quat|schen, quatscht,
quatschte, gequatscht
die **Quel|le**, die Quellen
quen|geln, quengelt,
quengelte, gequengelt
quer
quet|schen, quetscht,
quetschte, gequetscht
quie|ken, quiekt, quiekte,
gequiekt
quiet|schen, quietscht,
quietschte, gequietscht
der **Quirl**, die Quirle
die **Quit|tung**,
die Quittungen
das **Quiz** (Frage-und-
Antwort-Spiel)

R

der **Ra|be**, die Raben
die **Ra|che**
sich **rä|chen**, rächt sich,
rächte sich,
hat sich gerächt
das **Rad**, die Räder
Rad fah|ren, fährt Rad,
fuhr Rad, Rad gefahren

ra|deln, radelt, radelte, geradelt

der Rad|fah|rer, die Radfahrer

die Rad|fah|re|rin, die Radfahrerinnen

ra|die|ren, radiert, radierte, radiert

der Ra|dier|gum|mi, die Radiergummis

das Ra|dies|chen, die Radieschen

das Ra|dio, die Radios

der Rah|men, die Rahmen

die Ra|ke|te, die Raketen

der Rand, die Ränder

er rann|te (→ rennen)

der Ran|zen, die Ranzen

der Rap, die Raps (Sprechgesang)

der Rap|pe, die Rappen

der Raps

ra|scheln, raschelt, raschelte, geraschelt

der Ra|sen, die Rasen

ra|sen, rast, raste, gerast

der Ra|sen|mä|her, die Rasenmäher

sich ra|sie|ren, rasiert sich, rasierte sich, hat sich rasiert

der Ra|sier|pin|sel, die Rasierpinsel

ras|seln, rasselt, rasselte, gerasselt

die Rast

ras|ten, rastet, rastete, gerastet

sie rät (→ raten)

ra|ten, rät, riet, geraten

der Rat|schlag, die Ratschläge

das Rät|sel, die Rätsel

die Rat|te, die Ratten

rat|tern, rattert, ratterte, gerattert

rau (↔ glatt, weich)

der Raub, die Raube

rau|ben, raubt, raubte, geraubt

der Räu|ber, die Räuber

der Rauch

rau|chen, raucht, rauchte, geraucht

rau|fen, rauft, raufte, gerauft

die Rau|fe|rei, die Raufereien

der Raum, die Räume

räu|men, räumt, räumte, geräumt

das Raum|schiff, die Raumschiffe

die Rau|pe, die Raupen

raus

rau|schen, rauscht,
rauschte, gerauscht

re|agie|ren, reagiert,
reagierte, reagiert

die Re|ak|ti|on, die Reaktionen

die Re|al|schu|le,
die Realschulen
*(eine Schulform der
weiterführenden Schule)*

die Re|be, die Reben

rech|nen, rechnet,
rechnete, gerechnet

der Rech|ner, die Rechner

die Rech|nung,
die Rechnungen

das Recht, die Rechte

rech|te, rechter, rechtes

das Recht|eck,
die Rechtecke

rechts

die Recht|schrei|bung

der Rechts|hän|der,
die Rechtshänder

re|cy|celn, recycelt,
recycelte, recycelt

das Re|cyc|ling (Re|cy|cling)
*(Wiederverwendung von
bereits benutzten Rohstoffen,
z.B. von Altpapier)*

der Re|dak|teur,
die Redakteure

die Re|dak|teu|rin,
die Redakteurinnen

die Re|de, die Reden

re|den, redet, redete,
geredet

die Re|gel, die Regeln

re|geln, regelt, regelte,
geregelt

die Re|gel|schu|le

der Re|gen

der Re|gen|bo|gen,
die Regenbögen

der Re|gen|schirm,
die Regenschirme

re|gie|ren, regiert, regierte,
regiert

 zu **recht/Recht:**

Kleinschreibung:
- ein rechter Winkel
- der rechte Zeitpunkt
- Dir kann man nichts
  recht machen.
- Das geschieht ihm
  recht!

Großschreibung:
- im Recht sein
- mit Recht
- Vor Gericht wird
  Recht gesprochen.

die **Re|gie|rung,**
die Regierungen

reg|nen, regnet, regnete,
geregnet

reg|ne|risch (↔ trocken,
niederschlagsfrei)

das **Reh,** die Rehe

rei|ben, reibt, rieb, gerieben

reich (↔ arm)

reich|lich

der **Reich|tum,** die Reichtümer

reif

der **Rei|fen,** die Reifen

rei|fen, reift, reifte, gereift

die **Rei|he,** die Reihen

der **Reim,** die Reime

rein

rei|ni|gen, reinigt, reinigte,
gereinigt

die **Rei|ni|gung,**
die Reinigungen

der **Reis**

die **Rei|se,** die Reisen

rei|sen, reist, reiste, gereist

rei|ßen, reißt, riss, gerissen

der **Reiß|ver|schluss,**
die Reißverschlüsse

rei|ten, reitet, ritt, geritten

der **Rei|ter,** die Reiter

die **Rei|te|rin,** die Reiterinnen

die **Re|kla|me,** die Reklamen

der **Re|kord,** die Rekorde
(Bestleistung)

der **Rek|tor,** die Rektoren

die **Rek|to|rin,** die Rektorinnen

die **Re|li|gi|on,** die Religionen

das **Renn|au|to,** die Rennautos

ren|nen, rennt, rannte,
gerannt

re|no|vie|ren, renoviert,
renovierte, renoviert

die **Re|no|vie|rung,**
die Renovierungen
(Erneuerung oder
Instandsetzung, z.B.
einer Wohnung)

die **Ren|te,** die Renten

der **Rent|ner,** die Rentner

die **Rent|ne|rin,**
die Rentnerinnen

die **Re|pa|ra|tur,**
die Reparaturen

re|pa|rie|ren, repariert,
reparierte, repariert

die **Re|por|ta|ge,**
die Reportagen
(Berichterstattung, z.B.
für das Fernsehen)

der **Re|por|ter,** die Reporter

die **Re|por|te|rin,**
die Reporterinnen

die **Re|pu|blik** (Re|pub|lik),
die Republiken

die **Re|ser|ve**, die Reserven
re|ser|vie|ren, reserviert,
reservierte, reserviert

der **Res|pekt** (Re|spekt)
res|pek|tie|ren
(re|spek|tie|ren),
respektiert, respektierte,
respektiert

der **Rest**, die Reste

das **Res|tau|rant**
(Re|stau|rant),
die Restaurants

ret|ten, rettet, rettete,
gerettet

die **Reue** *(Bedauern)*

das **Re|zept**, die Rezepte

der **Rha|bar|ber**

Rhein|land-Pfalz

rhyth|misch

der **Rhyth|mus**, die Rhythmen
(Takt)

der **Rich|ter**, die Richter

die **Rich|te|rin**,
die Richterinnen

rich|tig *(↔ falsch)*

die **Rich|tung**, die Richtungen

er **rieb** (→ reiben)

rie|chen, riecht, roch,
gerochen

sie **rief** (→ rufen)

er **rief an** (→ anrufen)

sie **rief zu** (→ zurufen)

der **Rie|gel**, die Riegel

der **Rie|se**, die Riesen

rie|sig (↔ winzig, klein)

er **riet** (→ raten)

das **Rind**, die Rinder

der **Ring**, die Ringe

die **Rip|pe**, die Rippen

das **Ri|si|ko**, die Risiken

sie **riss** (→ reißen)

der **Riss**, die Risse

er **ritt** (→ reiten)

der **Ritt**, die Ritte

der **Rit|ter**, die Ritter

rit|ter|lich

---

zu **richtig/Richtiges:**

Kleinschreibung:
- die richtige Lösung
- Das hast du richtig gemacht.

Großschreibung:
- das Richtige tun
- Er ist genau der Richtige für diese Aufgabe.

die **Rit|ter|rüs|tung,**
die Ritterrüstungen

der **Rit|ter|saal,** die Rittersäle

der **Ro|bo|ter,** die Roboter

sie **roch** (→ riechen)

der **Rock,** die Röcke

ro|deln, rodelt, rodelte,
gerodelt

der **Rog|gen**

roh

das **Rohr,** die Rohre

die **Rol|le,** die Rollen

rol|len, rollt, rollte, gerollt

der **Rol|ler,** die Roller

der **Roll|la|den,** die Rollläden

der **Roll|schuh,** die Rollschuhe

der **Ro|man,** die Romane

rönt|gen, röntgt, röntgte,
geröntgt *(in der Medizin:*
mit Röntgenstrahlen
durchleuchten)

ro|sa

die **Ro|se,** die Rosen

die **Ro|si|ne,** die Rosinen

der **Rost,** die Roste

der **Rost** *(an Eisen)*

ros|tig

rot

das **Rot|kehl|chen,**
die Rotkehlchen

die **Rü|be,** die Rüben

---

zu **rot/Rot:**

Kleinschreibung:
• rote Farbe
• rote Grütze

Großschreibung:
• die Farbe Rot
• Alarmstufe Rot
• das Rote Meer

groß *oder* klein:
• die rote *oder* Rote
Karte

---

der **Rü|cken,** die Rücken

rü|cken, rückt, rückte,
gerückt

der **Ruck|sack,**
die Rucksäcke

die **Rück|sicht**

rück|wärts

das **Ru|del,** die Rudel

das **Ru|der,** die Ruder

ru|dern, rudert, ruderte,
gerudert

ru|fen, ruft, rief, gerufen

die **Ru|he**

ru|hen, ruht, ruhte, geruht

ru|hig

rüh|ren, rührt, rührte,
gerührt

die **Rüh|rung**

die **Ru|i|ne,** die Ruinen
(zerfallenes Bauwerk)

Ru|mä|ni|en

ru|mä|nisch

rund

run|ter

der **Ruß**

der **Rüs|sel,** die Rüssel

rus|sisch

Russ|land

die **Rüs|tung,** die Rüstungen

die **Rutsch|bahn,**
die Rutschbahnen

die **Rut|sche,** die Rutschen

rut|schen, rutscht, rutschte,
gerutscht

rüt|teln, rüttelt, rüttelte,
gerüttelt

S

der **Saal,** die Säle

das **Saar|land**

die **Saat,** die Saaten

die **Sa|che,** die Sachen

die **Sach|kun|de**

sach|lich

Sach|sen

Sach|sen-An|halt

der **Sach|un|ter|richt**

der **Sack,** die Säcke

sä|en, sät, säte, gesät

der **Saft,** die Säfte

saf|tig

die **Sa|ge,** die Sagen

die **Sä|ge,** die Sägen

sa|gen, sagt, sagte,
gesagt

sä|gen, sägt, sägte,
gesägt

er **sah** (→ sehen)

sie **sah aus** (→ aussehen)

er **sah fern** (→ fernsehen)

sie **sah** ihn **wie|der**
(→ wiedersehen)

die **Sah|ne**

der **Sa|la|man|der,**
die Salamander

die **Sa|la|mi,** die Salamis

der **Sa|lat,** die Salate

die **Sal|be,** die Salben

der **Sal|to,** die Salti
*(Überschlag, Rolle in
der Luft)*

das **Salz,** die Salze

der **Sa|men,** die Samen

sam|meln, sammelt,
sammelte, gesammelt

die **Samm|lung,**
die Sammlungen

der **Sams|tag,** die Samstage

der **Samt**

der **Sand**

die **San|da|le,** die Sandalen
san|dig

der **Sand|kas|ten,**
die Sandkästen

er **sand|te** (→ senden)

sie **sang** (→ singen)

der **Sän|ger,** die Sänger

die **Sän|ge|rin,**
die Sängerinnen

er **sank** (→ sinken)

der **Sarg,** die Särge

sie **saß** (→ sitzen)

satt (↔ hungrig)

der **Sat|tel,** die Sättel

der **Satz,** die Sätze

die **Satz|aus|sa|ge,**
die Satzaussagen

der **Satz|ge|gen|stand,**
die Satzgegenstände

die **Sau,** die Säue

sau|ber (↔ dreckig,
verschmutzt)

säu|bern, säubert,
säuberte, gesäubert

sau|er (↔ süß)

der **Sau|er|stoff**

sau|gen, saugt, saugte,
gesaugt

das **Säu|ge|tier,** die Säugetiere

der **Säug|ling,** die Säuglinge

die **Säu|le,** die Säulen

die **Säu|re,** die Säuren

sau|sen, saust, sauste,
gesaust

das **Sa|xo|fon,** die Saxofone
(ein Blasinstrument)

die **S-Bahn,** die S-Bahnen

der **Scan|ner,** die Scanner
(ein Gerät, das den
Strichcode an einer Ware
einlesen kann)

die **Scha|blo|ne**
(Schab|lo|ne),
die Schablonen

das **Schach**

die **Schach|tel,**
die Schachteln

scha|de

der **Schä|del,** die Schädel

der **Scha|den,** die Schäden

scha|den, schadet,
schadete, geschadet

schäd|lich

das **Schaf,** die Schafe

der **Schä|fer|hund,**
die Schäferhunde

schaf|fen, schafft, schaffte, geschafft *(etwas vollbringen, arbeiten)*

schaf|fen, schafft, schuf, geschaffen *(etwas erschaffen, gestalten)*

der Schaff|ner, die Schaffner

die Schaff|ne|rin, die Schaffnerinnen

der Schal, die Schals

die Scha|le, die Schalen

schä|len, schält, schälte, geschält

der Schall

schal|ten, schaltet, schaltete, geschaltet

der Schal|ter, die Schalter

die Scham

sich schä|men, schämt sich, schämte sich, hat sich geschämt

die Schan|de

scharf, schärfer, am schärfsten *(↔ mild)*

die Schär|fe, die Schärfen

der Schar|lach *(eine Krankheit)*

der Schat|ten, die Schatten

schat|tig *(↔ sonnig)*

der Schatz, die Schätze

schau|en, schaut, schaute, geschaut

die Schau|fel, die Schaufeln

schau|feln, schaufelt, schaufelte, geschaufelt

die Schau|kel, die Schaukeln

schau|keln, schaukelt, schaukelte, geschaukelt

der Schaum, die Schäume

der Schau|spie|ler, die Schauspieler

die Schau|spie|le|rin, die Schauspielerinnen

die Schei|be, die Scheiben

die Schei|de, die Scheiden

die Schei|dung, die Scheidungen

schei|nen, scheint, schien, geschienen

der Schen|kel, die Schenkel

schen|ken, schenkt, schenkte, geschenkt

die Scher|be, die Scherben

die Sche|re, die Scheren

der Scherz, die Scherze

scher|zen, scherzt, scherzte, gescherzt

scheu

scheu|chen, scheucht, scheuchte, gescheucht

scheu|ern, scheuert, scheuerte, gescheuert

die Scheu|ne, die Scheunen

scheuß|lich

die Schicht, die Schichten

schi|cken, schickt, schickte, geschickt

das Schick|sal, die Schicksale

schie|ben, schiebt, schob, geschoben

der Schieds|rich|ter, die Schiedsrichter

schief (↔ gerade, eben)

sie schien (→ scheinen)

die Schie|ne, die Schienen

schie|ßen, schießt, schoss, geschossen

das Schiff, die Schiffe

das Schild, die Schilder

die Schild|krö|te, die Schildkröten

das Schilf

der Schim|mel, die Schimmel

schim|meln, schimmelt, schimmelte, geschimmelt

der Schim|pan|se, die Schimpansen

schimp|fen, schimpft, schimpfte, geschimpft

das Schimpf|wort, die Schimpfwörter

der Schin|ken, die Schinken

der Schirm, die Schirme

die Schlacht, die Schlachten

schlach|ten, schlachtet, schlachtete, geschlachtet

der Schlaf

der Schlaf|an|zug, die Schlafanzüge

schla|fen, schläft, schlief, geschlafen

er schläft (→ schlafen)

der Schlag, die Schläge

schla|gen, schlägt, schlug, geschlagen

die Schlä|ge|rei, die Schlägereien

sie schlägt (→ schlagen)

er schlägt vor (→ vorschlagen)

das Schlag|zeug, die Schlagzeuge

der Schlamm

schlam|mig

die Schlan|ge, die Schlangen

schlank (↔ dick, übergewichtig)

schlau

der Schlauch, die Schläuche

schlecht (↔ *gut*)

schlei|chen, schleicht,
schlich, geschlichen

der Schlei|er, die Schleier

die Schlei|fe, die Schleifen

der Schleim

schlen|dern, schlendert,
schlenderte, geschlendert

die Schlep|pe,
die Schleppen

schlep|pen, schleppt,
schleppte, geschleppt

Schles|wig-Hol|stein

die Schleu|se, die Schleusen

er schlich (→ schleichen)

sie schlief (→ schlafen)

schlie|ßen, schließt,
schloss, geschlossen

schließ|lich

schlimm

der Schlips, die Schlipse

der Schlit|ten, die Schlitten

der Schlitt|schuh,
die Schlittschuhe

er schloss (→ schließen)

sie schloss ab
(→ abschließen)

das Schloss, die Schlösser

die Schlucht, die Schluchten

schluch|zen, schluchzt,
schluchzte, geschluchzt

schlu|cken, schluckt,
schluckte, geschluckt

er schlug (→ schlagen)

sie schlug vor
(→ vorschlagen)

schlüp|fen, schlüpft,
schlüpfte, geschlüpft

schlür|fen, schlürft,
schlürfte, geschlürft

der Schluss

der Schlüs|sel, die Schlüssel

schmal (↔ *breit*)

das Schmalz

schme|cken, schmeckt,
schmeckte, geschmeckt

schmei|cheln, schmeichelt,
schmeichelte, geschmeichelt

schmei|ßen, schmeißt,
schmiss, geschmissen

 zu **schlecht/
Schlechtes:**

Kleinschreibung:
• schlechtes Wetter
• Mir ist schlecht.
Großschreibung:
• Sie wünscht ihm
nichts Schlechtes.
• im Guten und im
Schlechten

schmel|zen, schmilzt,
schmolz, geschmolzen

der **Schmerz**, die Schmerzen

schmer|zen, schmerzt,
schmerzte, geschmerzt

der **Schmet|ter|ling**,
die Schmetterlinge

der **Schmied**, die Schmiede

die **Schmie|de**,
die Schmieden

schmie|ren, schmiert,
schmierte, geschmiert

es **schmilzt** (→ schmelzen)

die **Schmin|ke**

schmin|ken, schminkt,
schminkte, geschminkt

sie **schmiss** (→ schmeißen)

es **schmolz** (→ schmelzen)

der **Schmuck**

schmü|cken, schmückt,
schmückte, geschmückt

schmun|zeln, schmunzelt,
schmunzelte, geschmunzelt

schmu|sen, schmust,
schmuste, geschmust

der **Schmutz**

schmut|zig (↔ sauber)

der **Schna|bel**, die Schnäbel

die **Schnal|le**, die Schnallen

schnap|pen, schnappt,
schnappte, geschnappt

schnar|chen, schnarcht,
schnarchte, geschnarcht

die **Schnau|ze**,
die Schnauzen

die **Schne|cke**,
die Schnecken

der **Schnee**

der **Schnee|ball**,
die Schneebälle

die **Schnee|flo|cke**,
die Schneeflocken

der **Schnee|mann**,
die Schneemänner

schnei|den, schneidet,
schnitt, geschnitten

der **Schnei|der**,
die Schneider

die **Schnei|de|rin**,
die Schneiderinnen

schnei|dern, schneidert,
schneiderte, geschneidert

schnei|en, schneit,
schneite, geschneit

schnell (↔ langsam)

die **Schnel|lig|keit**

sie **schnitt** (→ schneiden)

er **schnitt ab**
(→ abschneiden)

sie **schnitt aus**
(→ ausschneiden)

der **Schnitt**, die Schnitte

der **Schnitt|lauch**

das **Schnit|zel**, die Schnitzel

schnit|zen, schnitzt, schnitzte, geschnitzt

der **Schnor|chel**, die Schnorchel

der **Schnul|ler**, die Schnuller

der **Schnup|fen**, die Schnupfen

schnup|pern, schnuppert, schnupperte, geschnuppert

die **Schnur**, die Schnüre

der **Schnurr|bart**, die Schnurrbärte

schnur|ren, schnurrt, schnurrte, geschnurrt

der **Schnür|sen|kel**, die Schnürsenkel

er **schob** (→ schieben)

die **Scho|ko|la|de**, die Schokoladen

schon

schön (↔ hässlich)

scho|nen, schont, schonte, geschont

die **Schön|heit**, die Schönheiten

der **Schöp|fer**, die Schöpfer

die **Schöp|fung**, die Schöpfungen

der **Schorn|stein**, die Schornsteine

der **Schorn|stein|fe|ger**, die Schornsteinfeger

sie **schoss** (→ schießen)

der **Schoß**, die Schöße

schräg

die **Schram|me**, die Schrammen

der **Schrank**, die Schränke

die **Schrau|be**, die Schrauben

zu **schön/Schönes:**

Kleinschreibung:
- eine schöne Blume
- sich schön anziehen

Großschreibung:
- Ich bin die Schönste!
- etwas Schönes

zusammen:
- schönschreiben (= in Schönschrift schreiben)
- schönreden (= etwas beschönigen, das heißt: besser darstellen, als es ist)

schrau|ben, schraubt,
schraubte, geschraubt

der Schrau|ben|zie|her,
die Schraubenzieher

der Schreck, die Schrecken
schreck|lich

der Schrei, die Schreie
schrei|ben, schreibt,
schrieb, geschrieben

die Schreib|schrift

der Schreib|tisch,
die Schreibtische
schrei|en, schreit, schrie,
geschrien

der Schrei|ner, die Schreiner

er schrie (→ schreien)

sie schrieb (→ schreiben)

er schrieb ab
(→ abschreiben)

die Schrift, die Schriften
schrift|lich (↔ mündlich)

der Schrift|stel|ler,
die Schriftsteller

die Schrift|stel|le|rin,
die Schriftstellerinnen

der Schrott
schrump|fen, schrumpft,
schrumpfte, geschrumpft

die Schub|kar|re,
die Schubkarren

die Schub|la|de,
die Schubladen
schub|sen, schubst,
schubste, geschubst
schüch|tern (↔ forsch)

die Schüch|tern|heit

sie schuf (→ schaffen)

der Schuh, die Schuhe

der Schul|bus,
die Schulbusse

die Schuld
schul|dig

die Schu|le, die Schulen

der Schü|ler, die Schüler

die Schü|le|rin,
die Schülerinnen

der Schul|hof, die Schulhöfe

das Schul|jahr, die Schuljahre

der Schul|lei|ter,
die Schulleiter

die Schul|lei|te|rin,
die Schulleiterinnen

die Schul|ter, die Schultern
schum|meln, schummelt,
schummelte, geschummelt

der Schup|pen, die Schuppen

die Schür|ze, die Schürzen

der Schuss, die Schüsse

die Schüs|sel, die Schüsseln

der Schus|ter, die Schuster

schüt|teln, schüttelt, schüttelte, geschüttelt

schüt|ten, schüttet, schüttete, geschüttet

der Schutz

schüt|zen, schützt, schützte, geschützt

schwach, schwächer, am schwächsten (↔ stark)

die Schwä|che, die Schwächen

der Schwa|ger, die Schwager

die Schwä|ge|rin, die Schwägerinnen

die Schwal|be, die Schwalben

er schwamm (→ schwimmen)

der Schwamm, die Schwämme

der Schwan, die Schwäne

sie schwang (→ schwingen)

schwan|ger

die Schwan|ger|schaft, die Schwangerschaften

der Schwanz, die Schwänze

schwär|men, schwärmt, schwärmte, geschwärmt

schwarz

schwat|zen, schwatzt, schwatzte, geschwatzt

schwe|ben, schwebt, schwebte, geschwebt

Schwe|den

schwe|disch

schwei|gen, schweigt, schwieg, geschwiegen

das Schwein, die Schweine

der Schweiß

die Schweiz

schwei|ze|risch

schwer (↔ leicht)

schwer|hö|rig

das Schwert, die Schwerter

die Schwes|ter, die Schwestern

er schwieg (→ schweigen)

die Schwie|ger|mut|ter, die Schwiegermütter

der Schwie|ger|va|ter, die Schwiegerväter

schwie|rig (↔ einfach)

die Schwie|rig|keit, die Schwierigkeiten

---

zu schwarz/Schwarz:

Kleinschreibung:
- schwarz auf weiß
- schwarzer Tee
- Er ist das schwarze Schaf der Familie.

Großschreibung:
- die Farbe Schwarz
- ins Schwarze treffen
- das Schwarze Meer

das **Schwimm|bad,**
die Schwimmbäder

schwim|men, schwimmt,
schwamm, geschwommen

der **Schwimm|flü|gel,**
die Schwimmflügel

schwin|del|frei

schwin|de|lig

schwin|deln, schwindelt,
schwindelte, geschwindelt

schwin|gen, schwingt,
schwang, geschwungen

schwit|zen, schwitzt,
schwitzte, geschwitzt

sie **schwor** (→ schwören)

schwö|ren, schwört,
schwor, geschworen

der **Schwung,** die Schwünge

der **Schwur,** die Schwüre

sechs

sech|zehn

sech|zig

der **See,** die Seen

die **See|le,** die Seelen

se|geln, segelt, segelte,
gesegelt

der **Se|gen,** die Segen

seg|nen, segnet, segnete,
gesegnet

se|hen, sieht, sah, gesehen

die **Seh|ne,** die Sehnen

sich **seh|nen,** sehnt sich, sehnte
sich, hat sich gesehnt

die **Sehn|sucht,** die Sehnsüchte

sehr

ihr **seid** (→ sein)

die **Sei|de,** die Seiden

die **Sei|fe,** die Seifen

das **Seil,** die Seile

sein, bin, bist, ist,
seid, sind; war, gewesen

sein, seine, seiner

seit

die **Sei|te,** die Seiten

die **Se|kre|tä|rin**
(Sek|re|tä|rin),
die Sekretärinnen

 zu sechs/Sechs:

Kleinschreibung:
- Es ist sechs Uhr.
- Wir sind zu sechst.
- Sie isst schon das
  sechste Stück
  Torte.

Großschreibung:
- Sie würfelt eine
  Sechs.
- eine Sechs im Diktat
- Der Läufer wurde
  Sechster.

der **Sekt**

die **Se|kun|de**, die Sekunden

sel|ber, selbst

der **Selbst|laut**, die Selbstlaute

selbst|stän|dig

selbst|ver|ständ|lich

se|lig

sel|ten (↔ häufig, oft)

das **Se|mi|ko|lon**, die Semikola
(ein Satzzeichen: Strichpunkt)

die **Sem|mel**, die Semmeln

sen|den, sendet, sandte,
gesandt

die **Sen|dung**, die Sendungen

der **Senf**

senk|recht

die **Sen|se**, die Sensen

der **Sep|tem|ber**

Ser|bi|en

ser|bisch

die **Se|rie**, die Serien

die **Ser|vi|et|te**, die Servietten

der **Ses|sel**, die Sessel

sich **set|zen**, setzt sich, setzte
sich, hat sich gesetzt

seuf|zen, seufzt, seufzte,
geseufzt

der **Seuf|zer**, die Seufzer

das **Sham|poo**, die Shampoos
(flüssiges Haarwaschmittel)

der **She|riff**, die Sheriffs

das **Shirt**, die Shirts

die **Shorts** (englisches Wort für
eine sportliche kurze Hose)

die **Show**, die Shows
(Vorführung, Unterhaltungs-
programm)

sich

si|cher

die **Si|cher|heit**

sie

das **Sieb**, die Siebe

sie|ben, siebt, siebte,
gesiebt

sie|ben

sieb|zehn

sieb|zig

die **Sied|lung**, die Siedlungen

der **Sieg**, die Siege

sie|gen, siegt, siegte, gesiegt

der **Sie|ger**, die Sieger

die **Sie|ge|rin**, die Siegerinnen

er **sieht** (→ sehen)

sie **sieht aus** (→ aussehen)

er **sieht fern** (→ fernsehen)

sie **sieht** ihn **wie|der**
(→ wiedersehen)

das **Si|gnal (Sig|nal)**,
die Signale

die **Sil|be**, die Silben
(Wortbestandteil)

das **Sil|ber**

sil|bern

das Sil|ves|ter, die Silvester

wir sind (→ sein)

sin|gen, singt, sang, gesungen

der Sin|gu|lar (Einzahl)

sin|ken, sinkt, sank, gesunken

der Sinn, die Sinne

sinn|los (↔ sinnvoll)

die Si|re|ne, die Sirenen

die Si|tu|a|ti|on, die Situationen

sit|zen, sitzt, saß, gesessen

das Skate|board, die Skateboards

der Ska|ter, die Skater (englisches Wort für Rollschuhläufer)

die Ska|te|rin, die Skaterinnen

das Ske|lett, die Skelette

der Ski, die Skier

die Skiz|ze, die Skizzen (Zeichnung)

skiz|zie|ren, skizziert, skizzierte, skizziert

der Slip, die Slips (englisches Wort für Unterhose)

die Slo|wa|kei
slo|wa|kisch
Slo|we|ni|en
slo|we|nisch

der Smi|ley, die Smileys (sogenanntes Emoticon in Form eines lachenden Gesichts)

die SMS, die SMS (Abkürzung für englisch **S**hort **M**essage **S**ervice)

das Snow|board, die Snowboards (ein Sportgerät: Brett zum Gleiten auf Schnee)

so

zu **so:**

getrennt:
- so einer
- so etwas
- so schnell wie möglich
- So viel Geld willst du mir geben?
- Jetzt sind wir schon so weit gekommen!

zusammen:
- Soviel ich weiß, kommt morgen Onkel Gerd.
- Ich kaufe Gurken, Tomaten sowie Möhren ein.

A B C D E F G H I J K L M N O P Q R **S** T U V W X Y Z

so|bald

die So|cke, die Socken

so|dass

das So|fa, die Sofas

so|fort

die Soft|ware
(Computerprogramme)

so|gar

die Soh|le, die Sohlen

der Sohn, die Söhne

die So|lar|ener|gie
*(Sonnenenergie, die z.B. zum
Heizen verwendet wird)*

sol|che, solcher, solches

der Sol|dat, die Soldaten

die Sol|da|tin, die Soldatinnen

sol|len, soll, sollte, gesollt

der Som|mer, die Sommer

die Som|mer|fe|ri|en

som|mer|lich
(↔ winterlich)

son|dern

der Song, die Songs

der Sonn|abend,
die Sonnabende

die Son|ne, die Sonnen

die Son|nen|blu|me,
die Sonnenblumen

der Son|nen|schirm,
die Sonnenschirme

son|nig

der Sonn|tag, die Sonntage

sonst

die Sor|ge, die Sorgen

sich sor|gen, sorgt sich, sorgte
sich, hat sich gesorgt

die Sorg|falt

die Sor|te, die Sorten

sor|tie|ren, sortiert,
sortierte, sortiert

die So|ße, die Soßen

so|wie

so|zi|al

die Spa|get|ti

die Span|ge, die Spangen

Spa|ni|en

spa|nisch

sie spann (→ spinnen)

span|nend

das Spar|buch, die Sparbücher

spa|ren, spart, sparte,
gespart

spar|sam
(↔ verschwenderisch)

das Spar|schwein,
die Sparschweine

der Spaß, die Späße

spa|ßig

spät *(↔ früh)*

der Spa|ten, die Spaten

spä|ter

der Spatz, die Spatzen

spa|zie|ren, spaziert,
spazierte, spaziert

der Spa|zier|gang,
die Spaziergänge

der Specht, die Spechte

der Spei|cher, die Speicher

die Spei|se, die Speisen

spei|sen, speist, speiste,
gespeist

die Spen|de, die Spenden

spen|den, spendet,
spendete, gespendet

der Sper|ling, die Sperlinge

sper|ren, sperrt, sperrte,
gesperrt

der Spe|zi|a|list,
die Spezialisten

die Spe|zi|a|lis|tin,
die Spezialistinnen

spe|zi|ell

der Spie|gel, die Spiegel

sich spie|geln, spiegelt sich,
spiegelte sich, hat sich
gespiegelt

das Spiel, die Spiele

spie|len, spielt, spielte,
gespielt

der Spie|ler, die Spieler

die Spie|le|rin,
die Spielerinnen

der Spiel|platz, die Spielplätze

die Spiel|re|gel,
die Spielregeln

das Spiel|zeug, die Spielzeuge

der Spi|nat

die Spin|ne, die Spinnen

spin|nen, spinnt, spann,
gesponnen

spitz (↔ stumpf)

die Spit|ze, die Spitzen

der Sport

der Sport|ler, die Sportler

die Sport|le|rin,
die Sportlerinnen

sport|lich

der Sport|platz,
die Sportplätze

der Sport|ver|ein,
die Sportvereine

der Spot, die Spots
(englisches Wort für einen
kurzen Werbetext oder -film)

er sprach (→ sprechen)

die Spra|che, die Sprachen

sie sprang (→ springen)

das Spray, die Sprays

der Spray|er, die Sprayer
(jemand, der mit einer
Spraydose Bilder [Graffiti]
an Wände sprüht)

spre|chen, spricht, sprach,
gesprochen

er **spricht** (→ sprechen)

das **Sprich|wort,**
die Sprichwörter

sprin|gen, springt, sprang,
gesprungen

der **Sprit**

die **Sprit|ze,** die Spritzen

sprit|zen, spritzt, spritzte,
gespritzt

der **Spruch,** die Sprüche

sprü|hen, sprüht, sprühte,
gesprüht

der **Sprung,** die Sprünge

die **Spu|cke**

spu|cken, spuckt, spuckte,
gespuckt

der **Spuk**

spu|ken, spukt, spukte,
gespukt

spü|len, spült, spülte,
gespült

die **Spur,** die Spuren

spü|ren, spürt, spürte,
gespürt

der **Staat,** die Staaten

staat|lich

der **Stab,** die Stäbe

sta|bil *(fest)*

sie **stach** (→ stechen)

der **Sta|chel,** die Stachel

das **Sta|di|on,** die Stadien
*(Versammlungsort, z.B. für
Sportwettkämpfe)*

die **Stadt,** die Städte

städ|tisch (↔ *ländlich,
dörflich)*

die **Staf|fel,** die Staffeln

der **Stahl**

er **stahl** (→ stehlen)

der **Stall,** die Ställe

der **Stamm,** die Stämme

sie **stand** (→ stehen)

er **stand auf** (→ aufstehen)

die **Stan|ge,** die Stangen

der **Stän|gel,** die Stängel

es **stank** (→ stinken)

der **Sta|pel,** die Stapel

sta|peln, stapelt, stapelte,
gestapelt

der **Star,** die Stare *(ein Vogel)*

der **Star,** die Stars
*(englisches Wort für eine
berühmte Person, z.B. einen
Schauspieler)*

sie **starb** (→ sterben)

stark, stärker, am stärksten
(↔ *schwach, mild)*

sich **stär|ken,** stärkt sich, stärkte
sich, hat sich gestärkt

starr (↔ *biegsam,
beweglich)*

A B C D E F G H I J K L M N O P Q R **S** T U V W X Y Z

der **Start,** die Starts

star|ten, startet, startete,
gestartet

die **Sta|ti|on,** die Stationen

statt|fin|den, findet statt,
fand statt, stattgefunden

statt|ge|fun|den
(→ stattfinden)

der **Stau,** die Staus

der **Staub**

stau|big

der **Staub|sau|ger,**
die Staubsauger

---

zu **stehen/Stehen:**

Kleinschreibung:
- du stehst
- Mein Taschengeld
  steht mir zur
  Verfügung.

Großschreibung:
- Anna ist so müde,
  sie schläft schon
  im Stehen.
- Oma fällt das lange
  Stehen schwer.
- Sie versuchte, das
  Auto zum Stehen
  zu bringen.

---

stau|nen, staunt, staunte,
gestaunt

ste|chen, sticht, stach,
gestochen

ste|cken, steckt, steckte,
gesteckt

der **Ste|cker,** die Stecker

der **Steg,** die Stege

ste|hen, steht, stand,
gestanden

steh|len, stiehlt, stahl,
gestohlen

steif (↔ biegsam, beweglich)

stei|gen, steigt, stieg,
gestiegen

stei|gern, steigert,
steigerte, gesteigert

steil (↔ flach)

der **Stein,** die Steine

stei|nig

die **Stein|zeit**

die **Stel|le,** die Stellen

stel|len, stellt, stellte,
gestellt

die **Stel|lung,** die Stellungen

die **Stel|ze,**
die Stelzen

der **Stem|pel,** die Stempel

die **Step|pe,** die Steppen

ster|ben, stirbt, starb,
gestorben

die **Ste|reo|an|la|ge,**
die Stereoanlagen
(Musikanlage)

der **Stern,** die Sterne

stets

das **Steu|er,** die Steuer

steu|ern, steuert, steuerte,
gesteuert

der **Stich,** die Stiche

er **sticht** (→ stechen)

das **Stich|wort,** die Stichworte

sti|cken, stickt, stickte,
gestickt

der **Sti|cker,** die Sticker
*(englisches Wort für
Aufkleber)*

sti|ckig

der **Stie|fel,** die Stiefel

sie **stieg** (→ steigen)

er **stiehlt** (→ stehlen)

der **Stiel,** die Stiele

der **Stier,** die Stiere

sie **stieß** (→ stoßen)

er **stieß zu|sam|men**
(→ zusammenstoßen)

der **Stift,** die Stifte

still (↔ *laut, unruhig*)

die **Stil|le**

die **Stim|me,** die Stimmen

stim|men, stimmt, stimmte,
gestimmt

stin|ken, stinkt, stank,
gestunken

sie **stirbt** (→ sterben)

die **Stirn,** die Stirnen

stö|bern, stöbert,
stöberte, gestöbert

der **Stock,** die Stöcke

das **Stock|werk,**
die Stockwerke

der **Stoff,** die Stoffe

das **Stoff|tier,** die Stofftiere

stöh|nen, stöhnt, stöhnte,
gestöhnt

stol|pern, stolpert,
stolperte, gestolpert

stolz

der **Stolz**

der **Stop|fen,** die Stopfen

stop|fen, stopft, stopfte,
gestopft

der **Stopp,** die Stopps

stop|pen, stoppt,
stoppte, gestoppt

das **Stopp|schild,**
die Stoppschilder

die **Stopp|uhr,**
die Stoppuhren

der **Storch,** die Störche

stö|ren, stört, störte,
gestört

stör|risch (↔ *nachgiebig*)

die **Stö|rung,** die Störungen

der **Stoß,** die Stöße

sto|ßen, stößt, stieß, gestoßen

er **stößt zu|sam|men** (→ zusammenstoßen)

stot|tern, stottert, stotterte, gestottert

die **Stra|fe,** die Strafen

stra|fen, straft, strafte, gestraft

der **Strahl,** die Strahlen

strah|len, strahlt, strahlte, gestrahlt

die **Sträh|ne,** die Strähnen

der **Strand,** die Strände

die **Stra|ße,** die Straßen

die **Stra|ßen|bahn,** die Straßenbahnen

der **Strauch,** die Sträucher

der **Strauß,** die Sträuße

der **Stre|ber,** die Streber

die **Stre|cke,** die Strecken

der **Streich,** die Streiche

strei|cheln, streichelt, streichelte, gestreichelt

strei|chen, streicht, strich, gestrichen

das **Streich|holz,** die Streichhölzer

der **Strei|fen,** die Streifen

der **Streik,** die Streiks

der **Streit,** die Streite

sich **strei|ten,** streitet sich, stritt sich, hat sich gestritten

streng (↔ nachgiebig)

die **Stren|ge**

der **Stress**

streu|en, streut, streute, gestreut

streu|nen, streunt, streunte, gestreunt

der **Streu|sel,** die Streusel

sie **strich** (→ streichen)

der **Strich,** die Striche

der **Strick,** die Stricke

stri|cken, strickt, strickte, gestrickt

er **stritt** (→ streiten)

das **Stroh**

der **Stroh|halm,** die Strohhalme

der **Strom** (Elektrizität)

der **Strom,** die Ströme (Fluss)

strö|men, strömt, strömte, geströmt

die **Stro|phe,** die Strophen (Teil eines Gedichts oder Liedes)

der **Strumpf,** die Strümpfe

die **Strumpf|ho|se,** die Strumpfhosen

die **Stu|be,** die Stuben

das **Stück,** die Stücke

stu|die|ren, studiert, studierte, studiert

das **Stu|di|um**

die **Stu|fe,** die Stufen

der **Stuhl,** die Stühle

stumm

stumpf (↔ *spitz*)

die **Stun|de,** die Stunden

der **Stun|den|plan,** die Stundenpläne

stur

der **Sturm,** die Stürme

stür|men, stürmt, stürmte, gestürmt

stür|misch (↔ *windstill*)

der **Sturz,** die Stürze

stür|zen, stürzt, stürzte, gestürzt

die **Stu|te,** die Stuten

stüt|zen, stützt, stützte, gestützt

das **Sub|jekt,** die Subjekte (*Satzgegenstand*)

das **Subs|tan|tiv (Sub|stan|tiv),** die Substantive (*Wortart: Namenwort*)

sub|tra|hie|ren, subtrahiert, subtrahierte, subtrahiert

die **Sub|trak|ti|on,** die Subtraktionen

su|chen, sucht, suchte, gesucht

die **Such|ma|schi|ne,** die Suchmaschinen (*Programm für die Suche nach Informationen im Internet*)

die **Sucht,** die Süchte

der **Sü|den**

süd|lich

die **Sum|me,** die Summen

sum|men, summt, summte, gesummt

der **Sumpf,** die Sümpfe

die **Sün|de,** die Sünden

su|per

der **Su|per|markt,** die Supermärkte

die **Sup|pe,** die Suppen

sur|fen, surft, surfte, gesurft

süß (↔ *sauer*)

die **Sü|ßig|keit,** die Süßigkeiten

das **Sweat|shirt,** die Sweatshirts

das **Sym|bol,** die Symbole (*Sinnbild*)

das **Sys|tem,** die Systeme

die **Sze|ne,** die Szenen

T

die Ta|bel|le, die Tabellen

das Ta|blett (Tab|lett),
die Tabletts

die Ta|blet|te (Tab|let|te),
die Tabletten

der Ta|cho, die Tachos
(Geschwindigkeitsmesser)

ta|deln, tadelt, tadelte,
getadelt

die Ta|fel, die Tafeln

der Tag, die Tage

das Ta|ge|buch, die Tagebücher

täg|lich

der Takt, die Takte

das Tal, die Täler

der Tank, die Tanks

tan|ken, tankt, tankte,
getankt

der Tan|ker, die Tanker

die Tank|stel|le,
die Tankstellen

die Tan|ne, die Tannen

die Tan|te, die Tanten

der Tanz, die Tänze

tan|zen, tanzt, tanzte,
getanzt

der Tän|zer, die Tänzer

die Tän|ze|rin, die Tänzerinnen

die Ta|pe|te, die Tapeten

ta|pe|zie|ren, tapeziert,
tapezierte, tapeziert

tap|fer (↔ feige, mutlos)

die Tap|fer|keit

die Ta|sche, die Taschen

das Ta|schen|tuch,
die Taschentücher

die Tas|se, die Tassen

die Tas|ta|tur, die Tastaturen

die Tas|te, die Tasten

tas|ten, tastet, tastete,
getastet

er tat (→ tun)

die Tat, die Taten

der Tä|ter, die Täter

die Tä|te|rin, die Täterinnen

tä|tig

die Tä|tig|keit, die Tätigkeiten

zu **Tag/tags:**

Großschreibung:
• Tag und Nacht
• in vierzehn Tagen
• eines schönen Tages
Kleinschreibung:
• tags darauf
• tagelang
• tagsüber

die **Tat|sa|che,** die Tatsachen

tat|säch|lich

die **Tat|ze,** die Tatzen

der **Tau**

das **Tau,** die Taue *(ein starkes Seil)*

taub *(↔ hörend)*

die **Tau|be,** die Tauben

tau|chen, taucht, tauchte, getaucht

der **Tau|cher,** die Taucher

die **Tau|che|rin,** die Taucherinnen

tau|en, taut, taute, getaut

die **Tau|fe,** die Taufen

der **Tausch,** die Tausche

tau|schen, tauscht, tauschte, getauscht

tau|send

das **Ta|xi,** die Taxis

das **Team,** die Teams *(englisches Wort für Arbeitsgruppe oder Mannschaft)*

die **Tech|nik,** die Techniken

tech|nisch

der **Ted|dy,** die Teddys

der **Tee,** die Tees

der **Teer**

der **Teich,** die Teiche

der **Teig,** die Teige

der **Teil,** die Teile

tei|len, teilt, teilte, geteilt

teil|wei|se *(↔ vollständig)*

das **Te|le|fon,** die Telefone

te|le|fo|nie|ren, telefoniert, telefonierte, telefoniert

die **Te|le|fon|num|mer,** die Telefonnummern

das **Te|le|gramm,** die Telegramme

der **Tel|ler,** die Teller

der **Tem|pel,** die Tempel

die **Tem|pe|ra|tur,** die Temperaturen

das **Tem|po** *(Geschwindigkeit)*

das **Ten|nis**

der **Tep|pich,** die Teppiche

der **Ter|min,** die Termine

die **Ter|ras|se,** die Terrassen

der **Test,** die Tests

tes|ten, testet, testete, getestet

teu|er *(↔ billig, preiswert)*

der **Teu|fel,** die Teufel

der **Text,** die Texte

das **The|a|ter,** die Theater

die **The|ke,** die Theken

A B C D E F G H I J K L M N O P Q R S T U V W X Y Z

das **The|ma**, die Themen
(Leitgedanke, z.B. eines
Aufsatzes; Gesprächsstoff
in einer Unterhaltung)

die **The|o|rie**, die Theorien

das **Ther|mo|me|ter**
die Thermometer
(Temperaturmessgerät)

der **Thron**, die Throne

Thü|rin|gen

ti|cken, tickt, tickte,
getickt

das **Ti|cket**, die Tickets

tief (↔ hoch)

die **Tie|fe**, die Tiefen

das **Tier**, die Tiere

der **Tier|arzt**, die Tierärzte

die **Tier|ärz|tin**,
die Tierärztinnen

das **Tier|heim**, die Tierheime

der **Tier|pfle|ger**,
die Tierpfleger

die **Tier|pfle|ge|rin**, die
Tierpflegerinnen

der **Tier|schutz**

der **Ti|ger**, die Tiger

die **Tin|te**, die Tinten

der **Tipp**, die Tipps

tip|pen, tippt, tippte,
getippt

der **Tisch**, die Tische

der **Toast**, die Toasts

die **Toch|ter**, die Töchter

der **Tod**, die Tode
töd|lich

die **To|i|let|te**, die Toiletten
toll

die **To|ma|te**, die Tomaten

der **Ton** *(erdiges Material,*
aus dem durch Brennen
z.B. Geschirr oder Vasen
hergestellt werden können)

der **Ton**, die Töne *(Laut)*

die **Ton|ne**, die Tonnen

der **Topf**, die Töpfe

das **Tor**, die Tore

der **Tor|nis|ter**, die Tornister
(Schulranzen)

die **Tor|te**, die Torten

der **Tor|wart**, die Torwarte
tot (↔ lebendig)
to|tal

der **To|te**, die Toten

die **To|te**, die Toten
tö|ten, tötet, tötete,
getötet

sich **tot|la|chen**, lacht sich
tot, lachte sich tot, hat sich
totgelacht

die **Tour**, die Touren

der **Tou|rist**, die Touristen

A
B
C
D
E
F
G
H
I
J
K
L
M
N
O
P
Q
R
S
T
U
V
W
X
Y
Z

die **Tou|ris|tin,**
die Touristinnen

der **Trab**
tra|ben, trabt, trabte,
getrabt

die **Tra|di|ti|on,** die Traditionen
(Brauch, Gewohnheit)
tra|di|ti|o|nell *(↔ neu,*
modern)

sie **traf** (→ treffen)
tra|gen, trägt, trug,
getragen

er **trägt** (→ tragen)

der **Trai|ner,** die Trainer

die **Trai|ne|rin,**
die Trainerinnen
trai|nie|ren, trainiert,
trainierte, trainiert

das **Trai|ning,** die Trainings

der **Trak|tor,** die Traktoren
tram|peln, trampelt,
trampelte, getrampelt

das **Tram|po|lin,**
die Trampoline

die **Trä|ne,** die Tränen

sie **trank** (→ trinken)

der **Trans|port,**
die Transporte
trans|por|tie|ren,
transportiert, transportierte,
transportiert

er **trat** (→ treten)

die **Trau|be,** die Trauben

die **Trau|er**
trau|ern, trauert, trauerte,
getrauert

der **Traum,** die Träume
träu|men, träumt, träumte,
geträumt
trau|rig *(↔ fröhlich)*

die **Trau|ung,** die Trauungen
tref|fen, trifft, traf,
getroffen
trei|ben, treibt, trieb,
getrieben
tren|nen, trennt, trennte,
getrennt

die **Tren|nung,**
die Trennungen

die **Trep|pe,** die Treppen
tre|ten, tritt, trat, getreten
treu

die **Treue**

die **Tri|bü|ne,** die Tribünen

der **Trich|ter,** die Trichter

der **Trick,** die Tricks

sie **trieb** (→ treiben)

er **trifft** (→ treffen)

das **Tri|kot,** die Trikots *(ein*
Kleidungsstück, z.B. beim
Sport)

trin|ken, trinkt, trank, getrunken

sie tritt (→ treten)

der Tritt, die Tritte

tro|cken (↔ nass, feucht)

die Tro|cken|heit

trock|nen, trocknet, trocknete, getrocknet

trö|deln, trödelt, trödelte, getrödelt

die Trom|mel, die Trommeln

trom|meln, trommelt, trommelte, getrommelt

die Trom|pe|te, die Trompeten

der Trop|fen, die Tropfen

trop|fen, tropft, tropfte, getropft

der Trost

trös|ten, tröstet, tröstete, getröstet

der Trotz

trotz|dem

trot|zig

trüb (↔ klar)

er trug (→ tragen)

die Tru|he, die Truhen

tsche|chisch

die Tsche|chi|sche Re|pu|blik

tschüss! (Ausruf beim Abschied)

das T-Shirt, die T-Shirts

die Tu|be, die Tuben

das Tuch, die Tücher

tüch|tig

die Tul|pe, die Tulpen

tun, tut, tat, getan

der Tun|nel, die Tunnels

die Tür, die Türen

die Tür|kei

tür|kisch

der Turm, die Türme

tur|nen, turnt, turnte, geturnt

die Turn|hal|le, die Turnhallen

das Tur|nier, die Turniere

der Turn|schuh, die Turnschuhe

die Tu|sche

tu|scheln, tuschelt, tuschelte, getuschelt

die Tü|te, die Tüten

das TV (Abkürzung für „Television" = Fernsehen)

der Typ, die Typen

ty|pisch

U

die **U-Bahn,** die U-Bahnen
übel
üben, übt, übte, geübt
über
über|all
über|ar|bei|ten, überarbeitet, überarbeitete, überarbeitet
die **Über|ar|bei|tung,** die Überarbeitungen
über|ei|nan|der (über|ein|an|der)
der **Über|fall,** die Überfälle
über|fal|len, überfällt, überfiel, überfallen
sie **über|fällt** (→ überfallen)
er **über|fiel** (→ überfallen)
über|haupt
über|le|gen, überlegt, überlegte, überlegt
die **Über|le|gung,** die Überlegungen
über|mit|teln, übermittelt, übermittelte, übermittelt
über|mor|gen
über|nach|ten, übernachtet, übernachtete, übernachtet

die **Über|nach|tung,** die Übernachtungen
sie **über|nahm** (→ übernehmen)
über|neh|men, übernimmt, übernahm, übernommen
er **über|nimmt** (→ übernehmen)
über|nom|men (→ übernehmen)
über|prü|fen, überprüft, überprüfte, überprüft
über|que|ren, überquert, überquerte, überquert
über|ra|schen, überrascht, überraschte, überrascht
die **Über|ra|schung,** die Überraschungen
über|re|den, überredet, überredete, überredet
die **Über|schrift,** die Überschriften
die **Über|schwem|mung,** die Überschwemmungen
über|set|zen, übersetzt, übersetzte, übersetzt
die **Über|set|zung,** die Übersetzungen
über|zeu|gen, überzeugt, überzeugte, überzeugt

die Über|zeu|gung,
  die Überzeugungen
üb|lich
das U-Boot, die U-Boote
üb|rig
üb|ri|gens
die Übung, die Übungen
das Ufer, die Ufer
das UFO, die UFOs
  *(Abkürzung für **U**nbekanntes*
  ***F**lug-**O**bjekt)*
die Uhr, die Uhren
die Uhr|zeit, die Uhrzeiten
der Uhu, die Uhus
um
um|ar|men, umarmt,
  umarmte, umarmt
die Um|ar|mung,
  die Umarmungen
die Um|ge|bung
um|ge|zo|gen
  (→ umziehen)
der Um|hang, die Umhänge
um|her
um|keh|ren, kehrt um,
  kehrte um, umgekehrt
der Um|laut, die Umlaute
die Um|lei|tung,
  die Umleitungen
der Um|schlag, die Umschläge
der Um|weg, die Umwege

die Um|welt
der Um|welt|schutz
um|zie|hen, zieht um,
  zog um, umgezogen
der Um|zug, die Umzüge
un|be|dingt
und
un|end|lich
die Un|end|lich|keit
un|ent|schie|den
un|fair *(unerlaubt, gegen*
  die Regeln)
der Un|fall, die Unfälle
un|ga|risch
Un|garn
un|ge|dul|dig
un|ge|fähr
un|ge|fähr|lich
das Un|ge|heu|er,
  die Ungeheuer
un|ge|recht
die Un|ge|rech|tig|keit,
  die Ungerechtigkeiten
das Un|ge|zie|fer
das Un|glück, die Unglücke
un|glück|lich
un|heim|lich
die Uni|form, die Uniformen
das Un|kraut, die Unkräuter
das Un|recht
uns

die Un|schuld

un|schul|dig

un|ser, unsere, unseres

der Un|sinn

un|ten

un|ter

sie un|ter|brach

(→ unterbrechen)

un|ter|bre|chen,

unterbricht, unterbrach,

unterbrochen

die Un|ter|bre|chung,

die Unterbrechungen

er un|ter|bricht

(→ unterbrechen)

un|ter|bro|chen

(→ unterbrechen)

un|ter|ei|nan|der

(un|ter|ein|an|der)

der Un|ter|gang,

die Untergänge

sie un|ter|hält sich

(→ sich unterhalten)

sich un|ter|hal|ten, unterhält

sich, unterhielt sich,

hat sich unterhalten

die Un|ter|hal|tung,

die Unterhaltungen

er un|ter|hielt sich

(→ sich unterhalten)

sie un|ter|nahm

(→ unternehmen)

un|ter|neh|men,

unternimmt, unternahm,

unternommen

er un|ter|nimmt

(→ unternehmen)

un|ter|nom|men

(→ unternehmen)

der Un|ter|richt

un|ter|rich|ten,

unterrichtet, unterrichtete,

unterrichtet

sich un|ter|schei|den,

unterscheidet sich,

unterschied sich,

hat sich unterschieden

sie un|ter|schied sich

(→ sich unterscheiden)

der Un|ter|schied,

die Unterschiede

un|ter|schie|den

(→ sich unterscheiden)

die Un|ter|schrift,

die Unterschriften

un|ter|stüt|zen, unterstützt,

unterstützte, unterstützt

un|ter|su|chen, untersucht,

untersuchte, untersucht

die Un|ter|su|chung,

die Untersuchungen

un|ter|wegs

un|ver|schämt
(↔ höflich, maßvoll)

die Un|ver|schämt|heit,
die Unverschämtheiten

un|vor|sich|tig

das Un|wet|ter,
die Unwetter

die Ur|groß|mut|ter,
die Urgroßmütter

der Ur|groß|va|ter,
die Urgroßväter

der Urin

der Ur|laub, die Urlaube

die Ur|sa|che, die Ursachen

das Ur|teil, die Urteile

ur|tei|len, urteilt, urteilte,
geurteilt

der Ur|wald, die Urwälder

die USA *(Abkürzung für United States of America)*

V

der Va|len|tins|tag,
die Valentinstage

der Vam|pir, die Vampire

die Va|nil|le

das Va|nil|le|eis

die Va|se, die Vasen

der Va|ter, die Väter

das Va|ter|un|ser,
die Vaterunser
(ein Gebet der Christen)

der Va|ti, die Vatis

der Ve|ge|ta|ri|er,
die Vegetarier
(jemand, der kein Fleisch isst)

die Ve|ge|ta|ri|e|rin,
die Vegetarierinnen

das Veil|chen, die Veilchen

der Ven|ti|la|tor,
die Ventilatoren

sich ver|ab|re|den, verabredet
sich, verabredete sich,
hat sich verabredet

die Ver|ab|re|dung,
die Verabredungen

sich ver|ab|schie|den,
verabschiedet sich,
verabschiedete sich,
hat sich verabschiedet

ver|ach|ten, verachtet,
verachtete, verachtet

die Ver|ach|tung

die Ve|ran|da, die Veranden

ver|an|stal|ten,
veranstaltet, veranstaltete,
veranstaltet

die Ver|an|stal|tung,
die Veranstaltungen
ver|ant|wor|ten,
verantwortet, verantwortete,
verantwortet
die Ver|ant|wor|tung
ver|ant|wor|tungs|be|wusst
das Verb, die Verben
*(Wortart: Tätigkeitswort,
Zeitwort)*
er ver|band (→ verbinden)
der Ver|band, die Verbände
ver|bes|sern, verbessert,
verbesserte, verbessert
sich ver|beu|gen,
verbeugt sich,
verbeugte sich,
hat sich verbeugt
die Ver|beu|gung,
die Verbeugungen
ver|bie|ten, verbietet,
verbot, verboten
ver|bin|den, verbindet,
verband, verbunden
ver|blüfft
er ver|bot (→ verbieten)
das Ver|bot, die Verbote
ver|bo|ten (→ verbieten)
ver|brannt
(→ verbrennen)

es ver|brann|te
(→ verbrennen)
ver|brau|chen, verbraucht,
verbrauchte, verbraucht
das Ver|bre|chen,
die Verbrechen
der Ver|bre|cher,
die Verbrecher
die Ver|bre|che|rin,
die Verbrecherinnen
ver|bren|nen, verbrennt,
verbrannte, verbrannt
die Ver|bren|nung,
die Verbrennungen
ver|bun|den
(→ verbinden)
der Ver|dacht, die Verdachte
ver|däch|ti|gen,
verdächtigt, verdächtigte,
verdächtigt
ver|dau|en, verdaut,
verdaute, verdaut
die Ver|dau|ung
ver|die|nen, verdient,
verdiente, verdient
der Ver|dienst, die Verdienste
ver|duns|ten, verdunstet,
verdunstete, verdunstet
ver|eh|ren, verehrt,
verehrte, verehrt
der Ver|ein, die Vereine

ver|fol|gen, verfolgt,
verfolgte, verfolgt

die Ver|fol|gung,
die Verfolgungen

sie ver|gab (→ vergeben)

die Ver|gan|gen|heit

er ver|gaß (→ vergessen)

ver|ge|ben, vergibt, vergab,
vergeben

ver|geb|lich

die Ver|ge|bung,
die Vergebungen

ver|ges|sen, vergisst,
vergaß, vergessen

sie ver|gibt (→ vergeben)

er ver|gisst (→ vergessen)

der Ver|gleich, die Vergleiche

ver|glei|chen, vergleicht,
verglich, verglichen

sie ver|glich (→ vergleichen)

ver|gli|chen
(→ vergleichen)

das Ver|gnü|gen,
die Vergnügen

die Ver|hü|tung

sich ver|ir|ren, verirrt sich,
verirrte sich, hat sich verirrt

ver|kau|fen, verkauft,
verkaufte, verkauft

der Ver|käu|fer, die Verkäufer

die Ver|käu|fe|rin,
die Verkäuferinnen

der Ver|kehr

die Ver|kehrs|re|gel,
die Verkehrsregeln

ver|kehrt

sich ver|klei|den, verkleidet
sich, verkleidete sich,
hat sich verkleidet

ver|lan|gen, verlangt,
verlangte, verlangt

ver|län|gern, verlängert,
verlängerte, verlängert

die Ver|län|ge|rung,
die Verlängerungen

ver|las|sen, verlässt,
verließ, verlassen

er ver|lässt (→ verlassen)

ver|let|zen, verletzt,
verletzte, verletzt

die Ver|let|zung,
die Verletzungen

sich ver|lie|ben, verliebt sich,
verliebte sich, hat sich
verliebt

ver|lie|ren, verliert,
verlor, verloren

sie ver|ließ (→ verlassen)

er ver|lor (→ verlieren)

ver|lo|ren (→ verlieren)

die Ver|lo|sung,
die Verlosungen

der Ver|lust, die Verluste

ver|mei|den, vermeidet,
vermied, vermieden

sie ver|mied (→ vermeiden)

ver|mie|den
(→ vermeiden)

ver|mu|ten, vermutet,
vermutete, vermutet

die Ver|mu|tung,
die Vermutungen

ver|nich|ten, vernichtet,
vernichtete, vernichtet

die Ver|nich|tung

die Ver|nunft

ver|nünf|tig

ver|pa|cken, verpackt,
verpackte, verpackt

die Ver|pa|ckung,
die Verpackungen

ver|pas|sen, verpasst,
verpasste, verpasst

ver|pfle|gen, verpflegt,
verpflegte, verpflegt

die Ver|pfle|gung

der Ver|rat

er ver|rät (→ verraten)

ver|ra|ten, verrät, verriet,
verraten

der Ver|rä|ter, die Verräter

die Ver|rä|te|rin,
die Verräterinnen

ver|rei|sen, verreist,
verreiste, verreist

sie ver|riet (→ verraten)

ver|rückt (↔ normal)

der Vers, die Verse
(Zeile oder Strophe
eines Gedichts)

ver|säu|men, versäumt,
versäumte, versäumt

das Ver|säum|nis, die
Versäumnisse

ver|schie|den (↔ gleich)

ver|schla|fen, verschläft,
verschlief, verschlafen

er ver|schläft
(→ verschlafen)

sie ver|schlang
(→ verschlingen)

er ver|schlief
(→ verschlafen)

ver|schlie|ßen, verschließt,
verschloss, verschlossen

ver|schlin|gen, verschlingt,
verschlang, verschlungen

sie ver|schloss
(→ verschließen)

ver|schlos|sen
(→ verschließen)

ver|schlun|gen
(→ verschlingen)

der Ver|schluss,
die Verschlüsse

ver|schlüs|seln,
verschlüsselt, verschlüsselte,
verschlüsselt

ver|schmut|zen,
verschmutzt, verschmutzte,
verschmutzt

die Ver|schmut|zung,
die Verschmutzungen

er ver|schwand
(→ verschwinden)

ver|schwen|den,
verschwendet,
verschwendete,
verschwendet

ver|schwin|den,
verschwindet, verschwand,
verschwunden

ver|schwun|den
(→ verschwinden)

ver|se|hent|lich

die Ver|si|che|rung,
die Versicherungen

sich ver|söh|nen, versöhnt sich,
versöhnte sich, hat sich
versöhnt

die Ver|söh|nung,
die Versöhnungen

sich ver|spä|ten, verspätet sich,
verspätete sich, hat sich
verspätet

die Ver|spä|tung,
die Verspätungen

sie ver|sprach
(→ versprechen)

das Ver|spre|chen,
die Versprechen

ver|spre|chen, verspricht,
versprach, versprochen

er ver|spricht
(→ versprechen)

ver|spro|chen
(→ versprechen)

der Ver|stand

sie ver|stand (→ verstehen)

ver|stan|den
(→ verstehen)

ver|stän|di|gen,
verständigt, verständigte,
verständigt

die Ver|stän|di|gung

ver|ständ|lich

ver|stau|chen, verstaucht,
verstauchte, verstaucht

die Ver|stau|chung,
die Verstauchungen

ver|ste|cken, versteckt,
versteckte, versteckt

A
B
C
D
E
F
G
H
I
J
K
L
M
N
O
P
Q
R
S
T
U
V
W
X
Y
Z

ver|ste|hen, versteht,
verstand, verstanden

der Ver|such, die Versuche

ver|su|chen, versucht,
versuchte, versucht

ver|tei|len, verteilt,
verteilte, verteilt

der Ver|trag, die Verträge

sich ver|tra|gen, verträgt sich,
vertrug sich, hat sich vertragen

er ver|trägt sich (→ sich
vertragen)

das Ver|trau|en

ver|trau|en, vertraut,
vertraute, vertraut

sie ver|trug sich (→ sich
vertragen)

ver|ur|tei|len, verurteilt,
verurteilte, verurteilt

die Ver|ur|tei|lung,
die Verurteilungen

ver|wandt

der Ver|wand|te, die Verwandten

die Ver|wand|te,
die Verwandten

die Ver|wandt|schaft

ver|wech|seln,
verwechselt, verwechselte,
verwechselt

die Ver|wechs|lung,
die Verwechslungen

ver|wen|den, verwendet,
verwendete, verwendet

die Ver|wen|dung,
die Verwendungen

ver|wöh|nen, verwöhnt,
verwöhnte, verwöhnt

ver|wun|den, verwundet,
verwundete, verwundet

ver|wun|dert

die Ver|wun|dung,
die Verwundungen

ver|zau|bern, verzaubert,
verzauberte, verzaubert

ver|zei|hen, verzeiht,
verzieh, verziehen

der Ver|zicht, die Verzichte

ver|zich|ten, verzichtet,
verzichtete, verzichtet

sie ver|zieh (→ verzeihen)

ver|zie|hen
(→ verzeihen)

ver|zie|ren, verziert,
verzierte, verziert

ver|zwei|feln, verzweifelt,
verzweifelte, verzweifelt

die Ver|zweif|lung

der Vet|ter, die Vetter

das Vi|deo, die Videos

der Vi|deo|clip, die Videoclips
*(englisches Wort für einen
kurzen Videofilm)*

zu viel:

getrennt:
- zu viel
- viel zu wenig,
  viel zu teuer

getrennt *oder* zusammen:
- ein vielverspre-
  chendes *oder* viel
  versprechendes
  Angebot
- eine vielbefahrene
  oder viel befahrene
  Straße
- ein vielsagender
  oder viel sagender
  Blick

zu voll/das Volle:

Kleinschreibung:
- ein volles Glas
- voller Freude

Großschreibung:
- aus dem Vollen
  schöpfen
- in die Vollen gehen
  (= etwas mit ganzer
  Energie tun)

die Vi|deo|thek,
die Videotheken
*(Sammlung von Video-
filmen zum Ausleihen)*

das Vieh

viel, viele

viel|leicht

vier

das Vier|eck, die Vierecke

die Vier|tel|stun|de,
die Viertelstunden

vier|zehn

vier|zig

die Vil|la, die Villen

vi|o|lett

die Vi|o|li|ne, die Violinen
(Geige)

der Vi|rus, die Viren

das Vi|ta|min, die Vitamine

der Vo|gel, die Vögel

die Vo|ka|bel,
die Vokabeln

der Vo|kal, die Vokale
(Selbstlaut)

das Volk, die Völker

voll (↔ *leer*)

der Vol|ley|ball,
die Volleybälle

voll|kom|men

voll|stän|dig
(↔ teilweise)

vom
von
von|ei|nan|der
(von|ein|an|der)
vor
vo|ran (vor|an)
vo|raus (vor|aus)
vor|bei
das Vor|bild,
die Vorbilder
die Vor|fahrt
vor|füh|ren, führt vor,
führte vor, vorgeführt
die Vor|füh|rung,
die Vorführungen
vor|ge|gan|gen
(→ vorgehen)
vor|ge|hen, geht vor,
ging vor, vorgegangen
vor|ges|tern
der Vor|hang,
die Vorhänge
vor|her
vor|le|sen, liest vor,
las vor, vorgelesen
der Vor|mit|tag,
die Vormittage
vor|mit|tags
der Vor|na|me,
die Vornamen
vor|nehm

der Vor|rat, die Vorräte
vor|rä|tig
vor|sa|gen, sagt vor,
sagte vor, vorgesagt
der Vor|schlag,
die Vorschläge
vor|schla|gen,
schlägt vor, schlug vor,
vorgeschlagen
die Vor|sicht
vor|sich|tig
(↔ leichtfertig)
sich vor|stel|len, stellt sich vor,
stellte sich vor,
hat sich vorgestellt
die Vor|stel|lung,
die Vorstellungen
der Vor|teil, die Vorteile
vo|rü|ber (vor|ü|ber)
die Vor|wahl, die Vorwahlen
vor|wärts
der Vul|kan, die Vulkane

die Waa|ge, die Waagen
waa|ge|recht
die Wa|be, die Waben
wach

das Wachs

wach|sam

wach|sen, wächst, wuchs, gewachsen

sie wächst (→ wachsen)

wa|ckeln, wackelt, wackelte, gewackelt

die Wa|de, die Waden

die Waf|fe, die Waffen

---

zu **wahr:**

getrennt:
- etwas für wahr halten
- wahr sein, wahr werden

zusammen:
- etwas nicht wahrhaben wollen (= etwas nicht anerkennen wollen)
- wahrsagen (= die Zukunft voraussagen)

getrennt *oder* **zusammen:**
- ein Versprechen wahrmachen *oder* wahr machen

---

die Waf|fel, die Waffeln

der Wa|gen, die Wagen

die Wahl, die Wahlen

wäh|len, wählt, wählte, gewählt

wahr

wäh|rend

die Wahr|heit

wahr|schein|lich

die Wai|se, die Waisen (Kind ohne Eltern)

der Wal, die Wale

der Wald, die Wälder

der Wal|lach, die Wallache

die Wal|nuss, die Walnüsse

die Wal|ze, die Walzen

die Wand, die Wände

wan|dern, wandert, wanderte, gewandert

die Wan|de|rung, die Wanderungen

die Wand|ta|fel, die Wandtafeln

wann

die Wan|ne, die Wannen

das Wap|pen, die Wappen

sie war (→ sein)

er warb (→ werben)

die Wa|re, die Waren

sie wa|ren (→ sein)

sie warf (→ werfen)

A B C D E F G H I J K L M N O P Q R S T U V W X Y Z

warm, wärmer, am
wärmsten (↔ *kalt*)

die Wär|me

wär|men, wärmt, wärmte,
gewärmt

die Wärm|fla|sche,
die Wärmflaschen

war|nen, warnt, warnte,
gewarnt

die War|nung,
die Warnungen

war|ten, wartet, wartete,
gewartet

wa|rum (war|um)

die War|ze, die Warzen

was

der Wasch|bär,
die Waschbären

wa|schen, wäscht, wusch,
gewaschen

der Wasch|lap|pen,
die Waschlappen

sie wäscht (→ waschen)

das Was|ser

der Was|ser|hahn,
die Wasserhähne

was|ser|scheu

das Watt, die Watten
(*seichter Küstenabschnitt
an der Nordsee*)

die Wat|te

we|ben, webt, webte,
gewebt

der Wech|sel, die Wechsel

wech|seln, wechselt,
wechselte, gewechselt

we|cken, weckt, weckte,
geweckt

der We|cker, die Wecker

we|deln, wedelt, wedelte,
gewedelt

weg

der Weg, die Wege

weg|fah|ren, fährt weg,
fuhr weg, weggefahren

weg|ge|gan|gen
(→ weggehen)

weg|ge|hen, geht weg,
ging weg, weggegangen

weg|ge|nom|men
(→ wegnehmen)

weg|lau|fen, läuft weg,
lief weg, weggelaufen

weg|neh|men, nimmt weg,
nahm weg, weggenommen

weh

we|hen, weht, wehte,
geweht

sich weh|ren, wehrt sich, wehrte
sich, hat sich gewehrt

weib|lich

weich (↔ *hart*)

die Wei|de, die Weiden

sich wei|gern, weigert sich, weigerte sich, hat sich geweigert

die Wei|ge|rung, die Weigerungen

Weih|nach|ten

der Weih|nachts|baum, die Weihnachtsbäume

die Weih|nachts|zeit

weil

der Wein, die Weine

wei|nen, weint, weinte, geweint

wei|se (↔ ungebildet)

der Wei|se, die Weisen

die Weis|heit

weiß

er weiß (→ wissen)

weit (↔ eng)

die Wei|te, die Weiten

wei|ter

der Weit|sprung

der Wei|zen

wel|che, welcher, welches

die Wel|le, die Wellen

der Wel|len|sit|tich, die Wellensittiche

der Wel|pe, die Welpen *(Tierkind: das Junge von Hund, Fuchs, Wolf)*

die Welt, die Welten

das Welt|all

wem

wen

wen|den, wendet, wendete, gewendet

die Wen|dung, die Wendungen

we|nig

wenn

wer

wer|ben, wirbt, warb, geworben

die Wer|bung, die Werbungen

 zu **weiter/Weiteres:**

Kleinschreibung:
• Sie aß weitere neun Bonbons. Dann war ihr übel.

Großschreibung:
• Alles Weitere im nächsten Brief!
• Des Weiteren berichtete er, …

A
B
C
D
E
F
G
H
I
J
K
L
M
N
O
P
Q
R
S
T
U
V
W
X
Y
Z

wer|den, wird, wurde,
geworden

wer|fen, wirft, warf,
geworfen

das Werk, die Werke

die Werk|statt,
die Werkstätten

das Werk|zeug,
die Werkzeuge

der Wert, die Werte

wert|voll

wes|halb

die Wes|pe, die Wespen

die Wes|te, die Westen

der Wes|ten

der Wett|be|werb,
die Wettbewerbe

die Wet|te, die Wetten

wet|ten, wettet, wettete,
gewettet

das Wet|ter

der Wet|ter|be|richt,
die Wetterberichte

der Wett|kampf,
die Wettkämpfe

das Wett|ren|nen,
die Wettrennen

wich|tig

wi|ckeln, wickelt,
wickelte, gewickelt

sie wi|der|sprach
(→ widersprechen)

wi|der|spre|chen,
widerspricht, widersprach,
widersprochen

er wi|der|spricht
(→ widersprechen)

wi|der|spro|chen
(→ widersprechen)

wie

wie viel

wie|der

wie|der|ho|len,
wiederholt, wiederholte,
wiederholt

die Wie|der|ho|lung,
die Wiederholungen

wie|der|se|hen, sieht
wieder, sah wieder,
wiedergesehen

das Wie|der|se|hen,
die Wiedersehen

die Wie|ge, die Wiegen

wie|gen, wiegt, wog,
gewogen

wie|hern, wiehert,
wieherte, gewiehert

die Wie|se, die Wiesen

das Wie|sel, die Wiesel

wie|so

das Wild

wild (↔ *zahm*)

der Wil|de|rer, die Wilderer

wil|dern, wildert, wilderte,
gewildert

die Wild|nis

das Wild|schwein,
die Wildschweine

zu wieder:

zusammen:
- Ich möchte meinen
  Stift wiederhaben.
  (= zurückhaben)
- Ich werde dir das
  Geld morgen
  wiedergeben.
  (= zurückgeben)
- wiederholen

getrennt:
- Der Schiri hat
  das Spiel wieder
  angepfiffen.
  (= noch mal
  angepfiffen)
- Die tolle Eissorte
  vom letzten Jahr
  wird auch dieses
  Jahr wieder
  hergestellt.
  (= erneut hergestellt)

sie will (→ wollen)

will|kom|men

der Wim|pel, die Wimpel

die Wim|per, die Wimpern

der Wind, die Winde

die Win|del, die Windeln

win|dig

die Wind|po|cken
(*eine Krankheit*)

die Wind|schutz|schei|be,
die Windschutzscheiben
(*Frontscheibe beim Auto*)

der Win|kel, die Winkel

win|ken, winkt, winkte,
gewinkt

win|seln, winselt, winselte,
gewinselt

der Win|ter, die Winter

win|ter|lich

der Win|ter|schlaf

win|zig (↔ *riesig, groß*)

die Wip|pe, die Wippen

wip|pen, wippt, wippte,
gewippt

wir

der Wir|bel, die Wirbel

wir|beln, wirbelt, wirbelte,
gewirbelt

die Wir|bel|säu|le,
die Wirbelsäulen

er wirbt (→ werben)

A
B
C
D
E
F
G
H
I
J
K
L
M
N
O
P
Q
R
S
T
U
V
W
X
Y
Z

sie **wird** (→ werden)

er **wirft** (→ werfen)

wir|ken, wirkt, wirkte, gewirkt

wirk|lich

die **Wirk|lich|keit**

der **Wir|sing** (ein Gemüse)

der **Wirt,** die Wirte

die **Wir|tin,** die Wirtinnen

wi|schen, wischt, wischte, gewischt

wis|pern, wispert, wisperte, gewispert

wis|sen, weiß, wusste, gewusst

der **Wis|sen|schaft|ler,** die Wissenschaftler

die **Wis|sen|schaft|le|rin,** die Wissenschaftlerinnen

die **Wit|we,** die Witwen (Frau, deren Ehemann gestorben ist)

der **Wit|wer,** die Witwer

der **Witz,** die Witze

wit|zig

wo

die **Wo|che,** die Wochen

das **Wo|chen|en|de,** die Wochenenden

der **Wo|chen|tag,** die Wochentage

wö|chent|lich

wo|für

er **wog** (→ wiegen)

wo|her

wo|hin

wohl

woh|nen, wohnt, wohnte, gewohnt

die **Woh|nung,** die Wohnungen

der **Wolf,** die Wölfe

die **Wol|ke,** die Wolken

wol|kig (↔ klar, wolkenlos)

die **Wol|le**

wol|len, will, wollte, gewollt

das **Woll|knäu|el,** die Wollknäuel

das **Wort,** die Wörter

wört|lich

wo|rü|ber (wor|ü|ber)

wo|von

wo|vor

wo|zu

sie **wuchs** (→ wachsen)

die **Wucht**

wund

die **Wun|de,** die Wunden

das **Wun|der,** die Wunder

wun|der|bar

die Wun|der|ker|ze,
die Wunderkerzen

sich wun|dern, wundert sich,
wunderte sich, hat sich
gewundert

der Wunsch, die Wünsche

wün|schen, wünscht,
wünschte, gewünscht

er wur|de (→ werden)

der Wurf, die Würfe

der Wür|fel, die Würfel

der Wurm, die Würmer

die Wurst, die Würste

das Würst|chen,
die Würstchen

die Wur|zel, die Wurzeln

wür|zen, würzt, würzte,
gewürzt

er wusch (→ waschen)

sie wusch ab
(→ abwaschen)

er wuss|te (→ wissen)

die Wüs|te, die Wüsten

die Wut

wü|tend

WWW
(Abkürzung für englisch
World **W**ide **W**eb)

X

die X-Bei|ne

x-bei|nig

das Xy|lo|fon, die Xylofone
(ein Musikinstrument)

Y

die Yacht, die Yachten
(Segelschiff)

das Yak, die Yaks (eine
asiatische Rinderart)

das Yo|ga (Übungen für
Körper und Geist,
ursprünglich aus Indien)

das Yp|si|lon, die Ypsilons

Z

zäh

die Zahl, die Zahlen

zah|len, zahlt, zahlte,
gezahlt

zäh|len, zählt, zählte,
gezählt

A B C D E F G H I J K L M N O P Q R S T U V W X Y Z

das **Zahl|wort,**
die Zahlwörter

zahm (↔ *wild*)

der **Zahn,** die Zähne

der **Zahn|arzt,**
die Zahnärzte

die **Zahn|ärz|tin,**
die Zahnärztinnen

die **Zahn|bürs|te,**
die Zahnbürsten

die **Zahn|pas|ta**

die **Zahn|span|ge,**
die Zahnspangen

die **Zan|ge,** die Zangen

sich **zan|ken,** zankt sich,
zankte sich, hat sich
gezankt

das **Zäpf|chen,**
die Zäpfchen

der **Zap|fen,** die Zapfen

zap|peln, zappelt,
zappelte, gezappelt

zart

zärt|lich (↔ *grob*)

die **Zärt|lich|keit**

der **Zau|be|rer,** die Zauberer

zau|bern, zaubert,
zauberte, gezaubert

der **Zaun,** die Zäune

das **Ze|bra (Zeb|ra),**
die Zebras

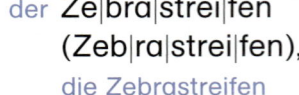

der **Ze|bra|strei|fen
(Zeb|ra|strei|fen),**
die Zebrastreifen

die **Ze|cke,** die Zecken

die **Ze|he,** die Zehen

zehn

das **Zei|chen,** die Zeichen

zeich|nen, zeichnet,
zeichnete, gezeichnet

die **Zeich|nung,**
die Zeichnungen

zei|gen, zeigt, zeigte,
gezeigt

der **Zei|ger,** die Zeiger

die **Zei|le,** die Zeilen

die **Zeit,** die Zeiten

das **Zeit|al|ter**

die **Zeit|schrift,**
die Zeitschriften

die **Zei|tung,** die Zeitungen

die **Zel|le,** die Zellen

das **Zelt,** die Zelte

der **Ze|ment**

die **Zen|sur,** die Zensuren
(*Schulnote*)

der **Zen|ti|me|ter,**
12 Zentimeter

der **Zent|ner,** 3 Zentner

das **Zen|trum (Zent|rum),**
die Zentren

das **Zep|ter,** die Zepter
(Herrscherstab)

sie **zer|brach** (→ zerbrechen)
zer|bre|chen, zerbricht,
zerbrach, zerbrochen
zer|brech|lich

er **zer|bricht** (→ zerbrechen)
zer|rei|ßen, zerreißt, zerriss,
zerrissen

sie **zer|riss** (→ zerreißen)
zer|ris|sen (→ zerreißen)
zer|stö|ren, zerstört,
zerstörte, zerstört

der **Zet|tel,** die Zettel

das **Zeug**

der **Zeu|ge,** die Zeugen

die **Zeu|gin,** die Zeuginnen

das **Zeug|nis,** die Zeugnisse

die **Zie|ge,** die Ziegen

der **Zie|gel,** die Ziegel
zie|hen, zieht, zog,
gezogen

das **Ziel,** die Ziele
zie|len, zielt, zielte,
gezielt
ziem|lich
zier|lich (↔ *wuchtig, groß*)

die **Zif|fer,** die Ziffern

die **Zi|ga|ret|te,**
die Zigaretten

die **Zi|gar|re,** die Zigarren

der **Zi|geu|ner,** die Zigeuner
*(Menschengruppe der Sinti
und Roma; der Begriff wird
als Beleidigung empfunden
und sollte deshalb nicht
verwendet werden)*

die **Zi|geu|ne|rin,**
die Zigeunerinnen

das **Zim|mer,** die Zimmer

der **Zimt**

das **Zinn** *(ein Metall)*

der **Zins,** die Zinsen

die **Zip|fel|müt|ze,**
die Zipfelmützen

der **Zir|kel,** die Zirkel

der **Zir|kus,** die Zirkusse
zi|schen, zischt, zischte,
gezischt

die **Zi|tro|ne (Zit|ro|ne),**
die Zitronen
zit|tern, zittert, zitterte,
gezittert

die **Zit|ze,** die Zitzen

er **zog** (→ ziehen)

sie **zog an** (→ anziehen)

er **zog aus** (→ ausziehen)

sie **zog um** (→ umziehen)
zö|gern, zögert, zögerte,
gezögert

der **Zoo,** die Zoos

der **Zopf,** die Zöpfe

A
B
C
D
E
F
G
H
I
J
K
L
M
N
O
P
Q
R
S
T
U
V
W
X
Y
Z

der **Zorn**

zor|nig

zu

zu En|de

zu Hau|se

zu viel

zu we|nig

die **Zucht**

züch|ten, züchtet, züchtete, gezüchtet

der **Zu|cker**

zu|cker|süß

zu|de|cken, deckt zu, deckte zu, zugedeckt

zu|erst

der **Zu|fall,** die Zufälle

zu|frie|den

die **Zu|frie|den|heit**

der **Zug,** die Züge

der **Zü|gel,** die Zügel

zu|gu|cken, guckt zu, guckte zu, zugeguckt

das **Zu|hau|se**

der **Zu|hö|rer,** die Zuhörer

die **Zu|hö|re|rin,** die Zuhörerinnen

die **Zu|kunft**

zu|künf|tig (↔ vergangen)

zu|las|sen, lässt zu, ließ zu, zugelassen

zu|letzt

zum

die **Zun|ge,** die Zungen

zup|fen, zupft, zupfte, gezupft

zur

zu|rück

zu|ru|fen, ruft zu, rief zu, zugerufen

zu|sam|men

zu|sam|men|sto|ßen, stößt zusammen, stieß zusammen, zusammengestoßen

zu|schau|en, schaut zu, schaute zu, zugeschaut

der **Zu|schau|er,** die Zuschauer

die **Zu|schau|e|rin,** die Zuschauerinnen

die **Zu|tat,** die Zutaten

zu|ver|läs|sig

 zu zwei:

Ziffern und Buchstaben:
- zweifach = 2-fach
- zweimal = 2-mal
- zweijährig = 2-jährig

er **zwang** (→ zwingen)
der **Zwang,** die Zwänge
zwan|zig
zwei
der **Zwei|fel,** die Zweifel
zwei|feln, zweifelt,
zweifelte, gezweifelt
der **Zweig,** die Zweige
zwei|mal
zwei|te, zweiter, zweites
zwei|und|zwan|zig
der **Zwerg,** die Zwerge

der **Zwie|back,**
die Zwiebäcke
die **Zwie|bel,** die Zwiebeln
der **Zwil|ling,** die Zwillinge
zwin|gen, zwingt, zwang,
gezwungen
zwin|kern, zwinkert,
zwinkerte, gezwinkert
zwi|schen
zwi|schen|durch
zwölf
der **Zy|lin|der,** die Zylinder
Zy|pern

-er, -en und -el am Wortende

 Wörter mit den Endungen **-er, -en** und **-el** musst du deutlich aussprechen, damit du hören kannst, wie man sie schreiben muss.

1. Ordne die Wörter nach ihren Endungen. Lege dazu in deinem Heft eine Tabelle mit drei Spalten an. Unterstreiche immer die beiden letzten Buchstaben.
Kamel, Garten, wehen, Mutter, Gabel, Pfarrer, Wasser, Rätsel, Zapfen, Kessel, Alpen, Kanzler, Brezel, Feuer, Haken, Sessel

–el	–en	–er
Kam<u>el</u>		

2. Ordnet die Wörter von Aufgabe 1 nach dem Abc. Achtet auf die richtige Schreibung.

3. An diese Wortstämme kannst du -er, -en oder -el anhängen. Finde möglichst viele Wörter. Kontrolliere mit der Wörterliste.
ob-/Ob-   ess-/Ess-   schenk-/Schenk-   üb-/Üb-

4. Sucht beim Buchstaben qu alle Wörter mit -en am Wortende, beim Buchstaben Z alle mit -er am Wortende und beim Buchstaben E alle mit -el am Wortende.

Der ch-Laut am Wortanfang, im Wortinneren und am Wortende

 Ch/ch wird am Wortanfang unterschiedlich gesprochen: teils wie **k**, teils wie **sch** oder **tsch**. Im Wortinneren oder am Wortende hören wir **ch** oder **k**.

1. Finde die Wörter mit Ch in der Wörterliste. Sprich deutlich.

2. Was bedeuten diese Wörter? Schreibe jeweils einen Satz dazu. Nutze ein Lexikon oder das Internet. Chemie, Chance, Chronik

3. Diese Adjektive sind von Verben abgeleitet. Finde die passenden Verben in der Wörterliste. Schreibe so: lächerlich → lachen, S. 192; … lächerlich, nachdenklich, fürchterlich, käuflich, lieblich

4. Findet zu diesen Verben ein verwandtes Nomen in der Wörterliste und schreibt es mit Begleiter auf. speichern, stechen, übernachten, dichten, kochen, krachen, fürchten, machen

5. Notiere die Zahlwörter: achtzig, … 80, 18, 8, 800

Der ks-Laut: ks, cks, chs oder x?

 Der **ks**-Laut kann ganz unterschiedlich geschrieben werden: **ks, cks, chs** oder **x**. Die Wörter mit diesem Laut musst du dir besonders merken.

1. Finde die Wörter in der Wörterliste. Notiere auch die Seitenzahl: Fuchs, S. 165; ...

2. Schreibe die Wörter richtig auf. Markiere den ks-Laut und kontrolliere mit der Wörterliste: links, S. 195; ...
lin**, Kni**, Gewä**, we**eln, La**

3. Findet drei Wörter mit ks, cks oder x beim Buchstaben T in der Wörterliste. Sprecht genau.

4. Wie heißt die Grundform? Nutze die Wörterliste:
du strickst → stricken, S. 235; ...
du strickst, du stickst, du drückst, du leckst,
du schickst, du lockst, du nickst

5. Erklärt jeden Begriff mit einem Satz:
Luxus   Xylofon   Mailbox

Aus au wird äu

 Der Doppellaut **au** im Wortstamm wird in abgeleiteten Wortformen sehr oft zu **äu**.

1. Schreibe Einzahl und Mehrzahl dieser Nomen mit Begleiter auf. Schreibe so: der Traum – die Träume, S. 240; …

Träume   Bräute   Fäuste   Kräuter

Mäuse   Räume   Häuser   Schläuche

2. Unterstreiche den Wortstamm. Finde in der Wörterliste ein passendes Verb mit au:
Käufer – kaufen, S. 185; …

Käufer   Räuber   Gebäude   Läufer

3. Markiert den Wortstamm. Findet mit Hilfe der Wörterliste mindestens zwei weitere Wörter aus der Wortfamilie. Schreibt so: säubern, säubert, sauber, …

säubern   erläutern   räuchern

4. Welches Nomen ist mit dem Adjektiv verwandt? Schreibe es mit Begleiter auf: der Haufen, …

häufig   bäuerlich   gläubig   räumlich

5. Findet ein passendes Wort mit au. Erklärt danach jeden Begriff in einem Satz.

Fäulnis   Täufling

Wörter mit doppelten Selbstlauten

 Es gibt nur wenige Wörter mit **aa, ee** oder **oo**. Wörter mit Doppelselbstlaut musst du dir besonders gut merken.

1. Schlage die Wörter in der Wörterliste nach. Schreibe sie mit Begleiter in der Einzahl und in der Mehrzahl auf. Schreibe so: das Haar – die Haare, S. 175; ...

Haar	Seele	Moos	Beere
Allee	Zoo	Paar	Staat

2. Findet die zusammengesetzten Nomen. Schlagt nach, wenn ihr unsicher seid.

Tee    Kaffee   Klee

Schnee   See    Haar

3. **aa**, **ee** oder **oo**? In einem Wort passen zwei verschiedene Doppelselbstlaute.

M**r   l**r   W**ge   F**   d**f   ld**

4. Ordnet alle Wörter mit doppeltem Selbstlaut auf dieser Seite nach dem Abc.

5. Trage alle Wörter dieser Seite in eine Tabelle ein:

Wörter mit aa	Wörter mit ee	Wörter mit oo

Wörter mit doppelten Mitlauten

 Auf einen kurz gesprochenen Selbstlaut folgen meistens zwei Mitlaute.

1. Finde die Nomen mit Doppelmitlaut und schreibe sie so: der Hammer, S. 176; ...

2. Ergänzt die Reimwörter. Schreibe so: Kamm (S. 184), Lamm (S. 192), Stamm (S. 232); ...

Kamm	Kanne	muss	Puppe	nett
L**	Pf**	K**	Gr**	B**
St**	T**	Schl**	S**	f**

3. Ordnet alle Wörter von Aufgabe 2 nach dem Abc. Markiert den kurz gesprochenen Selbstlaut mit einem Punkt. Übermalt den doppelten Mitlaut: Bett, ...

4. Finde zu jedem Doppelmitlaut mindestens fünf Wörter in der Wörterliste.

mm ss tt nn ll

5. Erkläre diese Wörter in einem Satz.

Gewässer Johannisbeere Grammatik

Wörter mit ck und tz

 Nach einem kurz gesprochenen Selbstlaut oder Umlaut schreiben wir **ck** (nicht kk) und **tz** (nicht zz).

1. Finde die Wörter mit tz . Schreibe sie mit Begleiter auf.
Schreibe so: die Katze, S. 185; …

2. Finde die Wörter mit ck . Schreibe sie mit Begleiter auf.
Schreibe so: der Sack, S. 218; …
Sack, Schnecke, Dackel, Jacke, Rücken

3. Setze die Wörter mit ck aus den Silben zusammen.
Schreibe so: backen, S. 136; …
ba-, -cke, -cken, -cker, Früh-, Glo-, -stück, We-

4. Welche Wörter mit tz kannst du hier finden?
Klotz   Glatze   Metzger   Naturschutz   Pfütze

5. Ergänzt die Tabelle mit den fehlenden Wortarten der jeweiligen Wortfamilie. Unterstreicht den Wortstamm.

Nomen	Verb	Adjektiv
der Putzeimer		
	anecken	
	trotzen	
		lackiert

Der lange i-Laut

 Der lang gesprochene **i**-Laut wird meistens **ie** geschrieben.

1. Finde jeweils zwei zusammengehörende Wörter und setze sie wie bei einer Plusaufgabe zu einem Nomen zusammen: Spiegel + Ei = Spiegelei, …

Ei

Schale

Umschlag

2. Wie heißt die Grundform zu diesen Verbformen? Schreibe beide Formen zusammen auf: stieß, stoßen, S. 235; …

stieß   befiehlt   rief   stiehlt   schlief

3. Finde die Wörter in der Wörterliste und notiere sie mit der Seitenzahl: Sieger, S. 228; …

S**ger   Sch**dsrichter   Sp**ler   L**be   M**te

4. Beim Buchstaben **J** gibt es nur ein ie -Wort. Schreibe es auf und erkläre es in einem Satz.

Das Silben trennende h

 Wenn du ein Wort verlängerst, kannst du genau hören, ob du am Wortende oder zwischen zwei Selbstlauten ein **h** schreiben musst.

1. Findet die Nomen in der Wörterliste. Schreibt so: das Reh – die Rehe, S. 215; …

2. Schreibe die Mehrzahlwörter von Aufgabe 1 in Silben getrennt auf und übermale das Silben trennende h.

3. Finde zu jedem Verb die Grundform. Schreibe die Grundformen in Silben getrennt auf: nä–hen, …

du nähst   ihr geht   er ruht   sie dreht   es blüht
er zieht   du stehst   es geschieht   ihr flieht

4. Schreibe ab und setze dabei unter die Adjektive Silbenbögen: am frühen Morgen, …

am frühen Morgen   ein frohes Singen
die nahen Ferien   der rohe Schinken

5. Wie heißt das Nachschlagewort zu den Adjektiven von Aufgabe 4? Ordne nach dem Abc und schlage nach. Schreibe so: nah, S. 203; …

6. Warum wird das Adjektiv ruhig mit h geschrieben?

Wörter mit V/v

 Der Buchstabe **V/v** kann wie *f* oder wie *w*
ausgesprochen werden. Wörter mit **V/v** musst
du dir besonders merken.

1. Finde zu den Vorsilben immer fünf Lieblingswörter in
der Wörterliste. Unterstreiche die Vorsilbe.
Ver-   ver-   Vor-   vor-

2. Finde mindestens fünf Wörter mit V/v für jede Spalte
der Tabelle. Wörter mit Ver-/ver- oder Vor-/vor- als
Vorsilbe gelten nicht.

vier Buchstaben	fünf Buchstaben	sechs oder mehr Buchstaben
voll		

3. Trennt die fünf Fremdwörter. Schreibt so: Vol–ley–ball,
S. 251; …
Volleyball   Videothek   Vegetarier   Vitamin   Vokabel

4. Finde die fünf V -Wörter: Vase, S. 245; …

5. Welche Zahlwörter werden mit v geschrieben?

6. Wie viele Adjektive mit v findest du in der Wörterliste?

Nomen: Die Nachsilben -heit, -keit, -ung

 Mit den Nachsilben **-heit, -keit** und **-ung** kannst du
aus Adjektiven oder Verben Nomen machen.
Wörter mit diesen Nachsilben schreiben wir
deshalb groß.

1. Bilde Nomen mit der Nachsilbe -ung . Setze den
richtigen Begleiter davor: die Anstrengung, S. 133; ...
anstrengen   begeistern   impfen   lösen   warnen

2. Von welchen Verben sind diese Nomen abgeleitet?
Schreibt sie in der Grundform so auf:
Räumung → räumen, S. 213; ...

Räumung   Reservierung   Schwingung   Bezahlung
Strömung   Forschung   Halbierung   Grabung

3. Bilde aus den Adjektiven Nomen.
Ergänze den passenden Begleiter: die Freiheit, ...

frei   sparsam
wild   -heit   übel   -keit
zufrieden   heiser
gemein   tapfer

4. Von welchen Verben oder Adjektiven sind diese Nomen
abgeleitet? Schreibt sie so auf:
Schönheit → schön, S. 224; ...

Schönheit   Rettung   Bosheit
Mischung   Eitelkeit   Quetschung

Verben: Die Vorsilben be-, ent-, er-, ver-, zer-

Vorsilben verändern die Bedeutung eines Verbs. Manchmal treffen bei einem Verb mit einer Vorsilbe auch zwei gleiche Buchstaben aufeinander: ze**rr**eißen.

1. Bilde mit den Vorsilben neue Verben. Welches Verb findest du auch in der Wörterliste? Notiere die Seitenzahl.

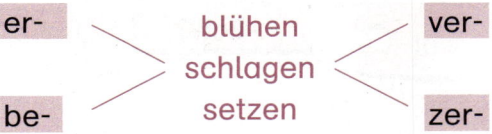

er-   blühen   ver-
              schlagen
be-   setzen   zer-

2. Findet zu jedem Grundwort so viele Vorsilben wie möglich: begehen, …

gehen   fragen   schließen   kommen   fressen

3. Hier passt immer nur eine Vorsilbe zu einem Verb.

er-	scheiden
zer-	schützen
be-	reichen
ent-	loben
ver-	stören

4. Ersetze den Wortbaustein vor dem Verb durch eine neue Vorsilbe: abbiegen – verbiegen, …

abbiegen   überholen   einsteigen   losfahren

Adjektive: Die Nachsilben -ig und -lich

 Die Nachsilben **-ig** und **-lich** kommen nur bei Adjektiven vor.

1. Bilde Adjektive mit den Nachsilben -ig und -lich.
Schreibe so: ritterlich, S. 216; …

ritter-   fröh-   -ig oder -lich?   ehr-   ängst-

tücht-   sel-   bill-   ähn-

2. Finde ein Nomen aus der gleichen Wortfamilie.
Schreibe so: vorsichtig → die Vorsicht, S. 252; …

vorsichtig   natürlich   feindlich   ehrgeizig
gefährlich   geduldig   endlich   sonnig

3. Findet in der Wörterliste passende Adjektive mit den
Nachsilben -ig oder -lich : dickköpfig, S. 149; …

der Dickkopf   der Durst   der Sand   die Ecke
die Angst   die Schuld   der Tag   der Trotz

4. Welches Adjektiv ist hier gemeint? Schreibe so:
so kleidet man sich für ein Fest: festlich (S. 161), …
so kleidet man sich für ein Fest: f✱✱
jemand benimmt sich wie ein König: k✱✱
etwas ist wie ein Fluss: f✱✱
man kann hindurchsehen: d✱✱

Fremdwörter

 Fremdwörter sind Begriffe und Wörter aus anderen Sprachen. Oft haben sie besondere Schreibweisen oder Aussprachen. Du musst sie dir besonders merken.

1. Die Verben zu diesen Nomen enden in der Grundform auf -ieren . Schlage sie nach und schreibe so: telefonieren, S. 238; …

| Telefon | Frisur | Reparatur | Kontrolle |
| Radiergummi | Fotografie | Information | Nummer |

2. Finde in der Wörterliste das dazugehörige Nomen.

| intelligent | typisch | politisch |
| technisch | interessant | rhythmisch |

3. Welches Fremdwort passt? Schreibe so: der Zylinder, S. 263; …

  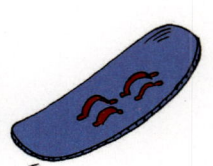 

4. Welches Nomen passt zu diesen Verben? Schreibt so: recyceln – das Recycling (S. 214), …

| recyceln | skaten | cremen |
| e-mailen | faxen | scannen |

Fundus

Wortfelder

radeln – rasen – reisen

In einem Wortfeld sammelst du Wörter, die zu einem Thema gehören. Wortfelder können dir helfen, abwechslungsreiche und interessante Texte zu schreiben. Eine Geschichte über eine Fahrradtour wird zum Beispiel viel lebendiger, wenn du statt fahren auch einmal radeln, rasen, sausen oder rollen verwendest. Probiere es aus!

verzehren   frühstücken   probieren

speisen   **essen**   verschlingen

futtern   dinieren   fressen

löffeln   verdrücken

Er verzehrte genussvoll den Schokoladenkuchen.
Morgens frühstücke ich um 7 Uhr.
Mama probiert die Spagettisoße.
Wir speisen heute im besten Restaurant der Stadt.
Ich löffle meine Suppe.
Papa verdrückt fünf Spiegeleier auf einmal.
Unser Hund frisst am liebsten Hundekuchen.
Wenn es Pizza gibt, futtern wir fast ein halbes Blech leer.
Paul ist in Eile, deshalb verschlingt er sein Mittagessen.
König Kasper diniert mit Königin Kunigunde im Speisesaal.

Gemächlich zuckelte der Eselskarren über die Landstraße.

Langsam rollte der Lkw über die schmale Brücke.

Jan saust mit seinen Skates um die Kurve.

Am Wochenende radeln Oma und Opa mit uns ins Grüne.

In diesen Ferien reisen wir nach Kroatien.

Er steuerte sein Auto durch den Kreisverkehr.

Die beiden Rennfahrer brausten in ihren Wagen um die Kurve.

Auf der Autobahn gibt es immer Fahrer, die rasen, und Fahrer, die schleichen.

Der Zirkusartist lenkte das Motorrad sicher über das Hochseil – das Publikum staunte.

froh

glücklich · fröhlich · heiter · vergnügt · entzückt · ausgelassen · selig · freudestrahlend

Vergnügt blätterte Ali in seinem neuen Comic-Heft.
Gestern hatte Maja noch schlechte Laune, heute ist sie wieder heiter.
Wenn ich mit dir zusammen bin, bin ich glücklich.
Wir saßen in fröhlicher Runde beisammen.
Freudestrahlend packte Ella ihre Geschenke aus.
Paula lächelte selig.
Oma ist entzückt, dass Ole ihr ein Ständchen bringt.
Wir toben ausgelassen im Garten.

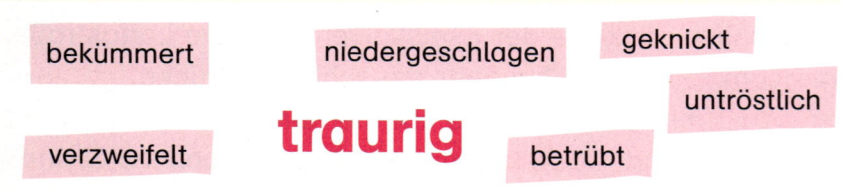

traurig

bekümmert · niedergeschlagen · geknickt · untröstlich · verzweifelt · betrübt

Nach ihrer schlechten Prüfung war Pina ziemlich geknickt und niedergeschlagen.
Betrübt starrte er auf das tote Vögelchen.
Oma betrachtete bekümmert die Scherben der Tasse.
Der König war untröstlich, dass seine Lieblingstochter den Stallburschen heiraten wollte.
Ich bin so verzweifelt, ich könnte heulen!

Von allen Tieren kann der Gepard am schnellsten laufen.
Opa schlendert gemütlich durch den Park.
Wir spielen Indianer und schleichen leise durchs Haus.
Die Braut schreitet stolz zum Altar.
Der kleine Floh sprang begeistert auf den zotteligen Hund.
Papa hastet noch schnell zum Supermarkt.
Die Soldaten marschierten über den Übungsplatz.
Ziellos irrte er im Labyrinth umher.
Nachdem Emily ihn geschubst hatte, taumelte Dennis.
Heute geht Mama mit meiner Tante in der Stadt bummeln.
Er stürzte ins Zimmer und rief: „Es brennt!"
Unbeholfen stakst das Fohlen über die Weide.
Ich habe mir den Knöchel verstaucht und humpele jetzt.
Heute gibt es Pommes – Tom und Leonie rasen
nach Hause.
Wir stapfen durch den frischen Schnee.
Serife und Anna rennen um die Wette.

Tim ist besonders begabt in Mathematik.

Der Chef hält Herrn Schlaumeier für einen fähigen Mann.

Für ihr Alter ist die kleine Klara ziemlich verständig.

Die Lehrerin beschreibt Murat als ein aufgewecktes Kind.

Der Test hat es gezeigt: Line ist besonders intelligent.

Louise ist eine talentierte Reiterin.

Sei vernünftig und iss deinen Spinat!

Großvater ist sehr belesen – er kennt beinahe jedes Buch.

Die alte Eule aus dem Zoo sieht mit ihren großen Augen sehr weise aus.

Detektiv Spürnase löst jeden Fall: Er ist extrem scharfsinnig.

Du hältst dich wohl für besonders schlau?

Ben und Carolin haben eine pfiffige Lösung für das Müllproblem in ihrer Klasse gefunden.

anfangen • beenden • durchführen • zubereiten • erledigen • bauen • **machen** • herstellen • zerstören • unternehmen • ändern • reparieren • bearbeiten

Heute fange ich früher mit meinen Hausaufgaben an, damit ich mehr Zeit zum Spielen habe.

Er beendet die Arbeit auf der Raumstation und fliegt mit den anderen Astronauten zurück zur Erde.

Wir haben das Experiment so durchgeführt, wie es im Buch stand.

Kim hat alles erledigt, was sie sich vorgenommen hatte.

Am Wochenende bereitet Papa das Mittagessen für die ganze Familie zu.

Wir haben aus Holz, Pappe und Nägeln ein kleines Vogelhäuschen hergestellt.

Mein kleiner Bruder baut riesige Türme aus Bausteinen.

Onkel Frederik repariert den Gartenzaun, damit unsere Kaninchen nicht immer zum Nachbarn hoppeln.

Papa hat zugenommen – Mama ändert seine Hosen.

Diese Aufgabe könnt ihr zusammen bearbeiten!

Jeden Nachmittag unternimmt Pjotr etwas mit Sascha.

Eine riesige Welle zerstört unsere Sandburg.

Dieses schwierige Wort kann ich nicht aussprechen.
Der Politiker äußerte sich zu dem Problem.
Nebenbei erwähnte sie, dass sie Angst vor Hunden hatte.
Mit meiner Tante Maggie kann ich über alles reden.
Tim meinte: „Das ist mein Lieblingseis."
Tarek erzählt seiner Oma vom Ausflug in den Freizeitpark.
Tante Trudi und Tante Gisela plaudern über die alten
Zeiten.
Der Reporter berichtet von der Fußball-EM.
Auf unserer Feier soll Jasper ein Gedicht vortragen.
„Das war ich nicht!", entgegnete der Verdächtigte dem
Polizisten.
Bitte laut und deutlich antworten!
Auf den Vorwurf, er hätte gelogen, konnte er nichts
erwidern.
Wenn du nicht weiterweißt, kannst du mich gerne fragen.
Leise murmelt der Zauberer die Zauberformel.
Hör auf zu jammern, so schlimm ist es nicht!
Nachdem Mama mit ihm geschimpft hatte, verzog sich
Finn murrend in sein Zimmer.
Du hast auch immer was zu meckern!
Jimi prahlt, er wäre der schnellste Läufer der Schule.
Papa ruft in den Flur, dass alle zum Essen kommen sollen.
Frau Bauer ärgert sich, dass Lena und ich im Unterricht
immer so viel schwatzen und quatschen.
Wenn Jonas aufgeregt ist, stottert er ein bisschen.
Ich flüstere dir ein Geheimnis ins Ohr.
Die Mädchen tuscheln wieder miteinander über ihren
Lieblingsstar.

erspähen betrachten beobachten gaffen mustern anschauen

sehen

entdecken besichtigen starren erkennen blinzeln angucken

Der Jäger erspähte das Reh im Unterholz.

Im Museum betrachtet die Klasse ein Kunstwerk von Miró.

Im Sommer kannst du genau beobachten, wie schnell Eis in der Sonne schmilzt.

Er musterte ihre neue Hose abschätzig.

Heute Abend schauen wir uns einen Actionfilm an.

Auf der Ritterburg haben wir auch das dunkle Verlies im Keller besichtigt.

Im dichten Nebel konnte Lin kaum die Hand vor Augen erkennen.

Schließlich entdeckten wir Omas Brille unter dem Sofakissen.

Von der Sonne geblendet, blinzelte er mit den Augen.

Ich gucke mir vor dem Einschlafen gern noch die Einträge in meinem Freundebuch an.

An der Unfallstelle waren mehrere Menschen, die nicht helfen, sondern nur starren und gaffen wollten.

Nach unserem Streit gestern war Oma ziemlich verstimmt.
Helen ist beleidigt und will nicht mehr mitspielen.
Missmutig betrachtete Mama das verbrannte Törtchen.
Nun werde nicht gleich ungehalten!
Aufgebracht schlug er mit der Faust auf den Tisch.
Yannis ist empört: Sein nagelneuer Wecker funktioniert
nicht und jetzt hat er die erste Stunde verschlafen.
Bist du mir noch böse?
„Nein", rief Papa entrüstet, „ich habe den letzten
Pfannkuchen nicht gegessen!"
Wie ärgerlich, dass wir keine Karten mehr für das Konzert
bekommen haben!
Mama war ziemlich geladen, als sie die kaputte Vase
entdeckte.
Erbost zischte Marie: „Lass mich bloß in Ruhe!"
Jakob ist immer so aufbrausend – bei der kleinsten
Kleinigkeit geht er an die Decke.

✎ Kannst du selber solche Wortfelder füllen?
   Probiere es aus, z.B. mit den Wörtern *lachen, weinen,*
   sich freuen, trinken, schön, hässlich …

Wortfamilien

Alles Verwandte

Wörter mit demselben Wortstamm gehören zu einer
Wortfamilie: **arbeit**en, **Arbeit**er, **arbeit**slos.
Bei manchen Wörtern aus derselben Wortfamilie kann
sich der Wortstamm leicht verändern – sie bleiben
trotzdem Verwandte! Dies siehst du zum Beispiel bei
fahren, du **fähr**st, er **fuhr**. Ein verwandtes Wort zu suchen,
kann dir beim richtigen Schreiben helfen.

arbeiten

Bei der Arbeit trägt er
Arbeitskleidung.

der Arbeiter

Papas Chef ist sein Arbeitgeber.

arbeitslos

der Arbeitstag

ein Stück Holz bearbeiten

Mein Arbeitsplatz ist
mein Schreibtisch.

Wer viel arbeitet, ist ein
richtiges Arbeitstier.

die Arbeitszeit

die Arbeitslosigkeit

denken

das Denkmal

Denkste!

die Gedanken

ein Andenken aus
dem Urlaub

jemandem einen
Denkzettel verpassen

die Andacht in
der Kirche

das Gedächtnis

Das ist doch
undenkbar!

Das hast du dir
so gedacht!

Der Kommissar hat
einen Verdacht.

Opa stieg bedächtig
die Stufen hinauf.

fahren

er fuhr

du fährst

die Fähre nach Helgoland

Ohne Fahrkarte bist du ein Schwarzfahrer!

das Fahrrad

fahrtüchtig

jemandem die Vorfahrt nehmen

wegfahren

eine Fuhre Heu

der Fahrstuhl

gefährlich

die viel befahrene Autobahn

der Fahrplan

sich in einer fremden Stadt verfahren

das Pferdefuhrwerk

geben

du gibst

Es hat ein schreckliches Unwetter gegeben!

wir gaben

jemandem etwas vom Pausenbrot abgeben

So ein Angeber!

der Abgabetermin

der weihnachtliche Gabentisch

vergeblich

Das Publikum rief: „Zugabe!"

sprechen

der Sprecher in den Nachrichten

die Sprache

du sprichst

Türkisch ist Murats Muttersprache.

Der Zahnarzt hat von 8–12 Uhr Sprechstunde.

das Gespräch

eine Sprechblase im Comic

der Zauberspruch

der Sprücheklopfer

Wir sprachen über Katzen.

ein altes Sprichwort

Ich gebe dir ein Versprechen.

Er war sprachlos vor Überraschung.

tragen

ich trug

er hat getragen

der Auftrag

Paul macht Paula einen Heiratsantrag.

eine trächtige Stute

Opas Hosenträger

Wir haben uns wieder vertragen.

tragbar

die Übertragung im Fernsehen

Ich brauche eine Tragetasche.

Den Lärm kann keiner mehr ertragen!

sie trägt

kennen

Wir haben ihn gut gekannt.

Der Weinkenner wählt den besten Rotwein aus.

Du kennst doch Paul, oder?

das Kennzeichen

Im Nebel ist nichts zu erkennen.

der Bekannte

Bekanntlich singt sie gern.

die Kenntnis

ein verkanntes Genie

Unfallstelle kenntlich machen!

laufen

du läufst

er lief

vor einem Hund weglaufen

der Ausdauerlauf

der Läufer

Das passiert mir laufend!

Ist dir das Wort geläufig?

eine läufige Hündin

Wir sind durch den Park gelaufen.

eine Laufmasche in Omas Strumpfhose

die Hürdenläuferin

der Laufstall

Sammle doch auch einmal Wortverwandte, z.B. die Wortfamilien zu *binden, drucken, erzählen, essen, fallen, fließen, gießen* oder *kochen*!

Reimwörterliste

Mein Reim – dein Reim

**Hier kannst du Reimwörter für ein Gedicht finden.
Wie endet das Wort, zu dem du einen passenden Reim
suchst? Schaue in der linken Spalte bei den Endungen
nach. Rechts daneben findest du die Reimwörter.**

-acht: acht · die Macht · er lacht · die Yacht · es kracht ·
die Tracht · die Fracht · die Schlacht

-ahl: kahl · sie stahl · die Zahl · der Stahl · die Wahl ·
der Gemahl · der Strahl · der Pfahl

-all: der Fall · der Ball · der Wall · prall · der Stall ·
das Metall · der Knall · der Schall

-alt: alt · halt · kalt · die Gewalt · die Gestalt

-amm: das Gramm · der Stamm · der Kamm · das Lamm ·
der Schwamm · sie schwamm · der Damm

-and: das Band · er fand · das Land · der Rand ·
der Sand · die Hand · der Brand · die Wand ·
sie stand · der Strand

-ank: die Bank · der Tank · der Zank · krank · es sank ·
der Gestank · der Schrank · der Dank

-art: der Bart · hart · zart · der Start · er spart · smart

-ase: die Nase · der Hase · die Vase · die Oase ·
die Blase · ich rase

-ass: der Hass · nass · der Pass · das Fass · krass

-att: matt · satt · platt · glatt · das Blatt

-au: blau · rau · der Pfau · die Frau · grau · der Tau

-auch: der Lauch · der Rauch · der Bauch · der Strauch ·
der Hauch · der Schlauch · der Brauch

-auchen: sie fauchen · wir tauchen · sie brauchen · sie rauchen

-aufen: wir laufen · sie kaufen · sie taufen · wir raufen · der Haufen · sie schnaufen

-aum: der Baum · der Raum · der Flaum · der Zaum · kaum · der Traum · der Saum · der Schaum

-aus: das Haus · aus · die Maus · raus · kraus · Klaus · der Schmaus · die Laus

-ecke: die Ecke · die Decke · ich lecke · ich wecke · die Strecke

-egen: wir legen · sie pflegen · wir fegen · der Regen · wegen · der Segen · wir hegen · verlegen

-ehen: sie gehen · wir sehen · die Zehen · sie drehen · wir stehen · sie flehen · es ist geschehen

-ei: das Ei · das Blei · bei · der Brei · drei · zwei · vorbei

-eiben: sie reiben · wir bleiben · wir treiben · die Scheiben · sie schreiben

-eich: reich · gleich · weich · der Teich · bleich · der Streich

-eide: beide · die Heide · die Seide · die Weide · das Getreide · die Kreide

-ein: das Bein · nein · fein · kein · klein · der Stein · der Wein · allein · der Verein · mein · sein · rein

-eld: der Held · das Feld · das Geld

-ellen: sie bellen · die Wellen · die Quellen · wir stellen · die Forellen · die Libellen · die Kapellen

-eller: der Keller · der Teller · schneller · heller · greller

-essen: sie messen · wir essen · sie fressen · wir vergessen · Hessen · die Adressen · er hat gesessen

-ett: das Brett · fett · nett · das Ballett · das Bett · komplett

-eute: heute · die Beute · die Meute · die Leute · es freute

-icht: dicht · das Licht · nicht · die Sicht · das Gericht · er bricht · sie sticht · das Gedicht

-icken: sie kicken · wir nicken · sie ticken · wir flicken · sie schicken · wir zwicken · die Zicken · sie stricken

-ieb: der Hieb · er trieb · lieb · sie blieb · das Sieb · der Betrieb · der Dieb · sie schrieb

-ief: er lief · sie rief · tief · der Brief · schief · sie schlief

-iegen: wir fliegen · sie siegen · sie liegen · wir stiegen · sie kriegen · wir biegen · wir wiegen

-ief: sie spielen · wir zielen · sie fielen · sie schielen

-ier: das Tier · vier · das Papier · hier · das Bier · die Gier · der Stier · das Klavier · das Revier

-ille: die Stille · die Brille · der Wille · die Pille · die Vanille

-immer: das Zimmer · immer · schlimmer · der Schimmer · der Schwimmer · das Gewimmer

-ind: das Kind · das Rind · der Wind · sie sind · blind

-inken: wir winken · sie trinken · sie sinken · wir hinken · die Finken · sie blinken · wir stinken

-innen: sie rinnen · drinnen · wir spinnen · sie beginnen · wir gewinnen

-itte: bitte · die Mitte · die Tritte · der Dritte · die Sitte · die Quitte · die Ritte

-itter: bitter · das Gitter · der Ritter · das Gewitter · der Splitter · er wird Dritter

-itz: der Witz · der Blitz · Fritz · der Sitz · der Schlitz

-och: doch · der Koch · noch · das Loch · er kroch

-ochen: wir lochen · der Knochen · sie kochen · die Wochen · wir rochen · sie pochen · sie krochen · versprochen

-ock: der Bock · der Rock · der Block · der Stock · der Schock

-ocken: sie hocken · die Locken · die Socken · trocken · die Glocken · die Flocken · der Brocken

-ollen: sie rollen · wir sollen · der Stollen · wir wollen · die Pollen · sie tollen · wir grollen · die Schollen

-opf: der Kopf · der Zopf · der Topf · der Knopf · der Schopf

-ort: der Ort · dort · der Sport · fort · der Hort · das Wort · sofort

-ose: die Hose · die Rose · die Lose · die Mimose · die Dose

-ot: sie bot · die Not · rot · tot · der Pilot · das Verbot

-ücke: die Brücke · die Stücke · die Mücke · ich pflücke · die Lücke · ich verrücke · ich beglücke

-und: und · rund · der Fund · der Hund · der Mund · der Grund · gesund · der Schlund · das Pfund

-uppe: die Puppe · die Suppe · die Truppe · die Gruppe · die Kuppe · die Schuppe · die Sternschnuppe

-ut: gut · der Mut · die Flut · er tut · der Hut · die Wut · das Blut · die Brut

Sprichwörter und Redewendungen

Jetzt macht's „Klick"

In unserer Alltagssprache verwenden wir häufig
Sprichwörter und Redewendungen. Oft fällt uns das
gar nicht auf. Wir sagen zum Beispiel: „Da muss ich
wohl in den sauren Apfel beißen!", wenn wir etwas
Unangenehmes nicht vermeiden können. Oder: „Nimm
mich nicht auf den Arm!", wenn sich jemand einen Spaß
mit uns erlauben will. Und wo richtig was los ist, da,
sagen wir, „steppt der Bär".
Aber: Beißen wir denn wirklich in einen Apfel? Hebt uns
jemand auf seinen Arm? Und wo ist denn nun dieser
steppende Bär? Viele dieser Sätze meinen wir also gar
nicht wörtlich. Sie haben noch eine andere Bedeutung, die
wir auch „übertragene Bedeutung" nennen. Oft sind sie
schon viele hundert Jahre in unserer Sprache überliefert.
In diesem Kapitel kannst du herausfinden, wie einige
Sprichwörter und Redewendungen, die du bestimmt
schon einmal gehört hast, entstanden sind und was sie
bedeuten. Und am Ende hat's dann sicher auch bei dir
„Klick" gemacht ...

Wer A sagt, muss auch B sagen!

Du musst jetzt nicht gleich das ganze Alphabet aufsagen.
Aber es geht schon darum, dass das B natürlich auf das
A folgt. Man benutzt diese Redewendung, um jemandem
klarzumachen, dass er eine Sache zu Ende machen muss,
wenn er sie einmal angefangen hat. Und zwar auch dann,
wenn es schwierig wird ...

Jemandem etwas abknöpfen

Das bedeutet: jemandem etwas Wertvolles wegnehmen, sogar stehlen. Früher haben sich reiche Herren manchmal einen silbernen oder goldenen Knopf von ihrer Kleidung „abgeknöpft", um ihn z.B. einem treuen Diener zu schenken. Viel öfter kam es jedoch vor, dass ihnen die wertvollen Knöpfe unfreiwillig durch Diebe „abgeknöpft" wurden ...

Etwas ausbaden müssen

Ihr alle zusammen hattet euch den kleinen Streich ausgedacht – aber nur du wurdest geschnappt und hast eine Strafe bekommen! Jetzt musst du die Sache ausbaden, also dafür büßen. Das Wort *ausbaden* kommt aus der Zeit, als warmes Badewasser noch etwas sehr Kostbares war. Deshalb stieg nicht nur einer in die warme Wanne, sondern gleich mehrere hintereinander wuschen sich darin. Und der Letzte – der musste das „ausbaden": Er musste zum Schluss die Wanne ausleeren und den Dreck herausschrubben, den er und alle seine Vorgänger hinterlassen hatten.

Da steppt der Bär!

Das sagt man gerne, wenn irgendwo ausgelassen gelacht und gefeiert wird. Das haben die Menschen schon immer gerne getan, früher z.B. auf Jahrmärkten, wo sie von allerlei lustigen Dingen unterhalten wurden. Besonders gelacht haben sie über die tanzenden Bären, die dort häufig ihre Kunststückchen aufführten. Und so sind uns die Tanzbären in dieser Redewendung erhalten geblieben.

Auf der Bildfläche erscheinen

Jetzt hast du dich aber erschreckt – urplötzlich ist Lorenz vor dir auf der Bildfläche erschienen, dabei hattest du ihn gar nicht kommen hören oder sehen! Ungefähr so ist es auch den Menschen im 19. Jahrhundert gegangen, als sie die ersten Fotos entwickelt haben: Auf dem zunächst scheinbar leeren Fotopapier erschienen plötzlich die fotografierten Menschen und Gegenstände „auf der Bildfläche", sobald das Fotopapier in die Entwicklerlösung eingetaucht wurde.

Den Bock zum Gärtner machen

Was macht der Ziegenbock im Garten? Richtig, er frisst sich genüsslich durch die Beete, mampft die Salatköpfe auf, knabbert an den Sträuchern und beißt den Blumen die Köpfe ab. Als Gärtner eignet er sich also überhaupt nicht! Deshalb benutzt man diese Redewendung, wenn jemand eine Aufgabe übertragen bekommen hat, für die er völlig ungeeignet ist.

Ins Fettnäpfchen treten

Früher stand in Bauernhäusern zwischen Tür und Ofen ein Topf mit Stiefelfett für alle bereit, die von draußen hereinkamen. Waren ihre Stiefel nass geworden, konnten sie sie sofort nachfetten und so wieder wasserdicht machen. Wer allerdings unachtsam war und in dieses Fettnäpfchen mit Stiefelfett hineintrat, konnte sich schnell den Ärger der Hausfrau zuziehen – stell' dir nur mal die dicken Fettflecken vor, die er dann beim Gehen auf dem Fußboden hinterlassen hat! Heute sagt man, jemand *tritt in ein Fettnäpfchen*, wenn er durch eine unbedachte Äußerung jemanden beleidigt und es sich mit ihm verdirbt.

Auf großem Fuß leben

Da denkt man doch zunächst an Schuhgröße 47, oder?
Gar nicht so falsch, denn die Redewendung bezieht sich
auf eine Geschichte über den Grafen von Anjou, der sich
im Mittelalter riesengroße Schnabelschuhe anfertigen ließ.
Solche Schuhe wollten dann schnell alle haben – aber
nur die Reichen konnten es sich leisten. *Auf großem Fuß*
konnte man also nur leben, wenn man viel Geld hatte.
Und das bedeutet die Redewendung heute noch.

Einem geschenkten Gaul schaut man nicht ins Maul

Dieses Sprichwort bekommst du zu hören, wenn du
dich beklagst, du hättest statt der Häkelsocken lieber
ein Computerspiel von Tante Trudi bekommen. Denn:
Für Geschenke soll man dankbar sein und nicht daran
herummäkeln. Das fanden die Menschen auch schon vor
über tausend Jahren, als das Sprichwort entstand. Es
geht auf den Pferdehandel zurück: Um das Alter eines
Pferdes festzustellen, schaute man ihm ins Maul. Am
Abrieb der Zähne konnte man erkennen, ob es noch jung
und leistungsfähig war oder schon älter und schwächer.
Kaufen wollte man natürlich nur ein junges, kräftiges Pferd.
Aber bei einem *geschenkten* Pferd war der Blick ins Maul
natürlich ziemlich unhöflich – und das gilt im übertragenen
Sinne auch heute noch für Tante Trudis Häkelsocken.

Unter aller Kanone sein

Dein letztes Diktat war *unter aller Kanone*? Keine Sorge,
es gibt nicht gleich Kanonendonner und Kriegsgetümmel!
Denn das Wort „Kanon" in dieser Redewendung hat nichts
mit einer Waffe zu tun, sondern leitet sich von einem
hebräischen Wort ab, das eine Art Schilfrohr bezeichnete.
Dieses diente früher als Messrute. Wenn also etwas
besonders gering und klein war, erreichte es nicht mal den
untersten Messpunkt dieser Messrute. Deshalb meint man
heute mit diesem Ausspruch eine Leistung, die unterhalb
aller Mindestanforderungen war. Also, beim nächsten
Diktat: Ohren spitzen!

Für jemanden eine Lanze brechen

Wir versetzen uns zurück ins Mittelalter: Ein edler Ritter
hat sich eine Dame seines Herzens auserkoren. Jetzt will
er ihr auf dem Turnier beweisen, was für ein heldenhafter
Kämpfer er ist. Sein Sieg soll ihr gewidmet sein, auf ihn
soll sie sich verlassen können! Manchmal kam es anders,
und statt eines Sieges ging die Lanze zu Bruch – der Ritter
hatte sie *für seine Dame gebrochen*. Deshalb benutzt man
die Redewendung heute, wenn man sich besonders für
jemanden einsetzt, ihn verteidigt und in Schutz nimmt.

Das brennt mir auf den Nägeln!

„Das ist mir ungeheuer wichtig!", könntest du auch sagen.
Im Mittelalter war es für die Mönche sehr wichtig, auch
in den dunklen Wintermonaten in der Frühmesse ihr
Gebetbuch lesen zu können. Deshalb befestigten sie sich
häufig eine kleine Wachskerze auf ihren Fingernägeln, die,
auf den Nägeln brennend, für Helligkeit sorgte.

Vor Neid platzen

Ben hat ein neues Rennrad, Anna kann jetzt den
Kopfsprung vom Fünfer – und alles, was du hast, ist
ein Loch im rechten Strumpf. Da kann man schon mal
neidisch werden! So ging es auch dem Frosch in der
griechischen Fabel. Er wäre gerne so groß gewesen wie
der dicke Ochse, den er glühend um seine Kraft und
Stärke beneidete. Also blies er sich auf – so lange, bis er
platzte …

Jemanden dorthin wünschen, wo der Pfeffer wächst

Nervige Geschwister, nörgelnde Fußballtrainer, tätschelnde Tanten – manchmal wünscht man sie alle einfach weit, weit weg! Das ging auch früher schon Menschen mit einigen ihrer Zeitgenossen so. Damit es sich auch lohnte, wünschten sie diese gleich bis in das Land, *in dem der Pfeffer wächst* – Indien. Dorthin brauchten die Handelsschiffe nämlich mehrere Monate, es musste also ziemlich weit weg sein! Gerade weit genug …

✎ Kannst du herausfinden, woher folgende Redensarten kommen und was sie bedeuten? Forsche im Internet und in Büchern oder frage nach. Du kannst auch einfach deine eigenen Ideen dazu aufschreiben:
- Den Kopf in den Sand stecken
- Jemandem etwas in die Schuhe schieben
- Wer im Glashaus sitzt, sollte nicht mit Steinen werfen.
- Das schwarze Schaf sein
- Jemanden auf die Palme bringen
- Einen Zahn zulegen
- Die Katze im Sack kaufen
- Etwas auf die hohe Kante legen
- Den Kürzeren ziehen

Woher kommen unsere Wörter?

Wortgeschichte – Sprachgeschichte

Unsere Sprache hat sich über hunderte von Jahren hinweg entwickelt. Auch unsere Wörter haben also ihre eigene Geschichte.

Viele von ihnen sind aus anderen Sprachen übernommen worden. Schon immer haben sich die Menschen untereinander ausgetauscht und Wissen und Erfahrungen weitergegeben. Daran waren oft auch Menschen mit ganz unterschiedlichen Sprachen beteiligt. So sind immer wieder Wörter aus anderen Sprachen in unsere Sprache gelangt und haben darin einen festen Platz gefunden. Ihre fremde Herkunft kann man heute kaum mehr erkennen. Andere Wörter haben im Laufe der Geschichte ihre Bedeutung verändert. Auch sie haben ihre eigene Sprachgeschichte. Du siehst also, Sprache ist etwas ganz Lebendiges!

Auf den folgenden Seiten wird dir die Geschichte einiger Wörter, die du gut kennst, vorgestellt.

Apotheke

Ein Apotheker verwaltet eine große Menge an Heilmitteln. Im Mittelalter waren dies vor allem Heilkräuter, und der *apoteker* war der Mönch, der im Kloster die Heilkräutervorräte überwachte. Das Wort *Apotheke* geht aber eigentlich schon auf die Griechen und Römer zurück. Sie verstanden darunter allerdings nur ganz allgemein einen Lagerraum.

Brille

Was haben eine Brille und ein Edelstein miteinander
zu tun? Nichts, wirst du denken. Und doch besteht eine
Verbindung: Aus Beryll, einem Halbedelstein, wurden
nämlich vor mehr als 600 Jahren in Italien die ersten
Brillen gemacht. Dazu schliff man den Beryll so, dass
er den Menschen zu besserer Sicht verhalf. Erst viel
später konnte man Sehhilfen aus Glas – Brillengläser –
herstellen. Da hieß die *Brille* aber bereits so ähnlich wie
der *Beryll*, aus dem sie zu Anfang gemacht war.

Buch

Unser Wort *Buch* hat eine lange Geschichte:
Ab einem bestimmten Zeitpunkt wurden beschriebene
Blätter nicht mehr wie früher zusammengerollt, sondern
zusammengebunden wie die Bücher, die du heute kennst.
Das fertige Produkt erhielt den Namen *buoh (= Buch)*.
Damit bezeichnete man jedoch eigentlich die darin
befindlichen Buchstaben. Diese waren nämlich in ganz
früher, altgermanischer Zeit aus Buchenstäbchen gefertigt
worden und hatten so ihren Namen erhalten *(buohen)*.
Das *Buch* heißt also eigentlich wie die *Buchstaben* – und
diese heißen wie das Material, aus dem sie früher einmal
gemacht worden sind.

Januar

Dieser Monat wurde nach dem Gott Ianus benannt.
Im alten Rom stellte man sich Ianus mit zwei Gesichtern
vor – einem an der Vorderseite und einem an der
Hinterseite seines Kopfes. So konnte er gut an Türen den
Ein- und Ausgang von Menschen überwachen. Da nun
am 1. Januar das alte Jahr endet, uns also sozusagen
„verlässt", und ein neues Jahr zu uns „hereintritt",
eignete sich Ianus besonders als Namensgeber für
diesen Monat.

Ketschup

Wenn du *Ketschup* hörst, denkst du sicher an knusprige
Pommes mit einer ordentlichen Portion Tomatenketschup –
und nicht an China, oder? Das Verblüffende: Unser Wort
Ketschup hat sich aus einem chinesischen Wort *(ketsiap)*
entwickelt, das „Fischsoße" bedeutete. Von Tomaten
also zunächst keine Spur! Die kamen erst ins Rezept,
als das Wort *Ketschup* schon lange bei uns in Europa
angekommen war. Und dann auf deine Pommes ...

Kokosnuss

Mit dem Wort *coco* bezeichnen portugiesische
Kinder ein schauriges Schreckgespenst. Und da
die Kokosnuss wie ein stark behaarter, dunkler
Kopf und durchaus ein bisschen Furcht einflößend
aussieht, wurde das Wort auch auf sie übertragen.

Konfetti

Das italienische Wort *confetti* bezeichnet eigentlich kleine
Süßigkeiten (hier siehst du auch eine Verwandtschaft zum
dem Wort „Konfekt"). Diese Süßigkeiten wurden früher,
in kleine Papierstückchen eingewickelt, bei römischen
Karnevalsumzügen in die wartende Menschenmenge
geworfen. Heute sind hiervon nur noch die Papierschnipsel
übrig geblieben, die einst die Süßigkeiten umhüllten –
schade eigentlich …

Märchen

Bei einem *Märchen* handelt es sich um eine kleine, kurze
maere. Dieses Wort wurde im Mittelalter für Erzählungen
und Berichte aller Art verwendet. Heute verstehen wir
unter *Märchen* die Texte, die vor rund zweihundert Jahren
die Gebrüder Grimm und andere zu sammeln begannen:
Rotkäppchen, Die sieben Geißlein, Schneewittchen …

Muskel

Hast du schon einmal beobachtet, wie es aussieht, wenn
du einen Muskel stark anspannst und wieder entspannst?
Die Menschen früher fanden, die Muskelbewegung ähnele
einer Maus, die unter der Haut entlanghuscht. Daher
hat der Muskel seinen Namen vom lateinischen Wort
musculus – es bedeutet „Mäuschen".

Pizza

Die Pizza ist entstanden als eine nahrhafte Mahlzeit
für arme Leute: ein einfacher Brotfladen, der mit
verschiedenen Belägen wie Wurst, Käse, Tomaten und
Gemüse im Ofen gebacken wird. Und das bedeutet das
arabische Wort *pita* auch, von dem unser Wort *Pizza*
abgeleitet ist: „Brot".

Tulpe

Eine Tulpe sieht aus wie ein gewickelter Turban – das
fanden zumindest die Menschen, die dieser aus dem
Orient stammenden Blume im 16. Jahrhundert ihren
Namen gaben. Dabei orientierten sie sich an dem
türkischen Wort *tülbend*, das „Turban" bedeutet.

Weihnachten

Neben dem Wort *Nacht* steckt in diesem Wort auch das althochdeutsche Wort *wih* – das bedeutete „heilig". Die Weihnacht ist also für die Christen die „heilige Nacht", in der Jesus Christus geboren wurde.

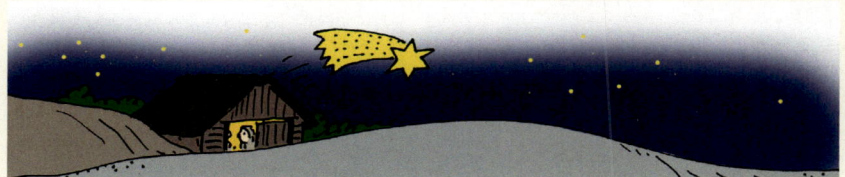

Zeitung

Dieses Wort bedeutete ursprünglich nichts anderes als die „Neuigkeit", die man sich untereinander erzählt. Diese verbreiten die Zeitungen ja noch heute – aber erst seit etwa 1600 sind mit dem Wort auch die auf Papier gedruckten Neuigkeiten gemeint.

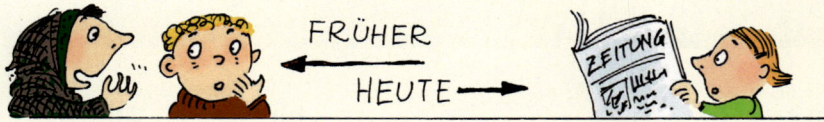

✎ Kannst du herausfinden, woher folgende Wörter kommen und was sie bedeuten? Forsche im Internet und in Büchern oder frage nach. Du kannst auch einfach deine Ideen dazu aufschreiben.
- – Apfelsine
- – Bibliothek
- – Olympiade
- – Papier

Say it in English!

My body

arm	Arm	hip	Hüfte
belly	Bauch	knee	Knie
belly-button	Bauchnabel	leg	Bein
body	Körper	neck	Hals
bottom	Po	shoulder	Schulter
feet	Füße	toe	Zeh
finger	Finger		
foot	Fuß	jump	springen
hand	Hand	run	rennen
head	Kopf	sit	sitzen

Look at my face!

ear	Ohr		cry	weinen
eye	Auge		hear	hören
face	Gesicht		laugh	lachen
hair	Haar		see	sehen
lips	Lippen		speak	sprechen
mouth	Mund			
nose	Nase			
teeth	Zähne			
tongue	Zunge			
tooth	Zahn			

My family

aunt	Tante	mother	Mutter
baby	Baby	parents	Eltern
brother	Bruder	sister	Schwester
child	Kind	uncle	Onkel
cousin	Cousin	woman	Frau
family	Familie		
father	Vater	old	alt
grandfather	Großvater	young	jung
grandmother	Großmutter		
man	Mann		

How we live

bathroom	Badezimmer	pet	Haustier
bed	Bett	roof	Dach
bedroom	Schlafzimmer	room	Zimmer
chair	Stuhl	stairs	Treppe
door	Tür	table	Tisch
floor	Fußboden	wall	Wand
home	Zuhause	window	Fenster
house	Haus		
kitchen	Küche	live	leben
living room	Wohnzimmer		

At school

board	Tafel	rubber	Radiergummi
book	Buch	ruler	Lineal
chalk	Kreide	school	Schule
classroom	Klassenraum	schoolbag	Schultasche
computer	Computer	teacher	Lehrer,
glue	Klebstoff		Lehrerin
paper	Papier		
pen	Füller	ask	fragen
pencil	Bleistift	learn	lernen
pencil case	Federmappe	listen to	zuhören
pupil	Schüler,	read	lesen
	Schülerin	understand	verstehen
		write	schreiben

Time for lunch

apple	Apfel	sandwich	Sandwich
bread	Brot	soup	Suppe
fish	Fisch	spoon	Löffel
fork	Gabel	tea	Tee
ice cream	Speiseeis	vegetables	Gemüse
juice	Saft		
lemonade	Limonade	drink	trinken
lunch	Mittagessen	eat	essen
meat	Fleisch		
milk	Milch	hungry	hungrig
plate	Teller	thirsty	durstig
potato	Kartoffel		

I like animals

animal	Tier	guinea pig	Meerschweinchen
bear	Bär	horse	Pferd
bird	Vogel	lion	Löwe
cat	Katze	monkey	Affe
cow	Kuh	mouse	Maus
dog	Hund	pig	Schwein
duck	Ente	sheep	Schaf
elephant	Elefant	snake	Schlange
fish	Fisch		

We play outside

ball	Ball	sky	Himmel
cloud	Wolke	sun	Sonne
flower	Blume	swing	Schaukel
grass	Gras	tree	Baum
monkey bars	Klettergerüst		
mountain bike	Fahrrad, Mountainbike	build	bauen
		play	spielen
player	Spieler	ride a bike	Rad fahren
playground	Spielplatz	run	rennen
sandpit	Sandkasten		

Seasons

autumn	Herbst	wind	Wind
Christmas	Weihnachten	winter	Winter
Easter	Ostern		
holidays	Ferien	cloudy	wolkig
rain	Regen	cold	kalt
rainbow	Regenbogen	hot	heiß
snow	Schnee	sunny	sonnig
spring	Frühling	warm	warm
summer	Sommer	wet	nass
weather	Wetter		

My clothes

anorak	Anorak	shorts	kurze Hose
boot	Stiefel	skirt	Rock
cap	Kappe, Mütze	socks	Socken
clothes	Kleidung	sweatshirt	Sweatshirt
coat	Mantel	T-shirt	T-Shirt
jeans	Jeans		
pullover	Pullover	put on	anziehen
pyjamas	Schlafanzug	take off	ausziehen
scarf	Schal	wear	(Kleidung)
shoes	Schuhe		tragen

Shopping

computer		toy train	Spielzeug-
game	Computerspiel		eisenbahn
doll	Puppe		
money	Geld	buy	kaufen
shop	Geschäft	like	mögen
skipping rope	Springseil	pay	bezahlen
teddy bear	Teddybär		
toy	Spielzeug	cheap	billig
toy boat	Spielzeugschiff	expensive	teuer
toy car	Spielzeugauto	new	neu

Our town

bus	Bus	traffic lights	Ampel
car	Auto	train	Zug
lake	See	truck	Lastwagen
motorbike	Motorrad		
park	Park	drive	fahren
pavement	Bürgersteig	stand	stehen
road	Straße	walk	gehen
station	Bahnhof		
supermarket	Supermarkt		
town	Stadt		

Hobbies

listening to music	Musik hören
painting	malen
playing computer games	Computerspiele spielen
playing football	Fußball spielen
playing tennis	Tennis spielen
playing the guitar	Gitarre spielen
reading books	lesen
riding a bike	Fahrrad fahren
riding a horse	reiten
swimming	schwimmen
watching TV	fernsehen

Colours and numbers

black	schwarz	orange	orange
blue	blau	red	rot
brown	braun	white	weiß
green	grün	yellow	gelb
grey	grau	pink	pink

one	**1**	eins	seven	**7**	sieben
two	**2**	zwei	eight	**8**	acht
three	**3**	drei	nine	**9**	neun
four	**4**	vier	ten	**10**	zehn
five	**5**	fünf	eleven	**11**	elf
six	**6**	sechs	twelve	**12**	zwölf

A a

Abend	evening
alt	old
anziehen	put on
Apfel	apple
April	April
Arm	arm
auf, an	on
aufstehen	get up
Auge	eye
August	August
ausziehen	take off
Auto	car

B b

Ball	ball
Banane	banana
Bär	bear
Baum	tree
Bein	leg
Berg	mountain
Beruf	job
berühren	touch
Bett	bed
bezahlen	pay
Bild	picture
(ich) bin	(I) am
bitte	please
blau	blue

Bleistift	pencil
Blume	flower
braun	brown
Bruder	brother
Buch	book
Buchstabe	letter
Bus	bus
Butter	butter

C c

Computer	computer

D d

danke	thank you
dein/e, (euer/e)	your
deutsch	German
Dezember	December
Dienstag	Tuesday
Donnerstag	Thursday
du, (ihr)	you
durstig	thirsty

E e

Ei	egg
englisch	English
Entschul-digung!	sorry!
er	he

es	it	gelb	yellow
essen	eat	Geld	money
		Geschichte	story
F f		Glas	a glass of
Familie	family	glücklich	happy
Farbe	colour	Gras	grass
Februar	February	groß	big, tall
Federmappe	pencil case	grün	green
Fenster	window	gut	good
Ferien	holidays		
Finger	finger	**H h**	
Fisch	fish	Haar	hair
Flasche	bottle	haben	have
fliegen	fly	Hand	hand
Fliege	fly	hassen	hate
Flugzeug	plane	(er) hat	(he) has
Fluss	river	Haus	house
Freitag	Friday	Hausauf-	
Freund	friend	gaben	homework
Frühling	spring	Haustier	pet
Frühstück	breakfast	heiß	hot
Fuß	foot	helfen	help
Fußball	football	Herbst	autumn
		herunter,	
G g		hinunter	down
Garten	garden	heute	today
geben	give	hier	here
Geburtstag	birthday	hinter	behind
gehen	go	Hobby	hobby

hoch, oben	up	Körper	body
Hügel	hill	Kuh	cow
Hund	dog		
hungrig	hungry	**L l**	
		Laden	shop
I i		leben	live
ich	I	Lehrer	teacher
ihr/e	her	lernen	learn
in, im	in	lesen	read
(er) ist	(he) is	Lied	song
		links	left
J j		Löwe	lion
ja	yes		
Januar	January	**M m**	
Jeans	jeans	machen	make
Juli	July	Mädchen	girl
Junge	boy	Mai	May
Juni	June	Markt	market
		März	March
K k		Maus	mouse
kalt	cold	Meer	sea
Katze	cat	mein/e	my
kaufen	buy	Messer	knife
Kiste,		Milch	milk
(Schachtel)	box	Mittagessen	lunch
klein	little, small	Mittwoch	Wednesday
klettern	climb	mögen	like
können	can	Mond	moon
Kopf	head	Montag	monday

Morgen	morning	Ostern	Easter
Mountain-bike	mountain bike		
		P p	
müde	tired	Park	park
Mund	mouth	Pullover	pullover
Mutter	mother		
Mütze, (Kappe)	cap	**R r**	
		rechts	right
		Regen	rain
N n		regnerisch	rainy
Nachmittag	afternoon	Rock	skirt
Nacht	night	rot	red
Name	name	rufen	call
Nase	nose		
nebel	fog	**S s**	
neblig	foggy	Samstag	Saturday
nehmen	take	Sandwich	sandwich
nein	no	Schiff	ship
nicht	not	Schinken	ham
nicht können	can't	schlecht	bad
November	November	Schnee	snow
		schreiben	write
O o		Schreibtisch	desk
Obst	fruit	Schuhe	shoes
öffnen	open	Schule	school
offen	open	Schüler/in	pupil
Ohr	ear	Schultasche	schoolbag
Oktober	October	schwarz	black
Orange	orange	Schwein	pig

Schwester	sister
schwimmen	swim
See	lake
sein	be
sein/e	his
September	September
sich hinsetzen	sit down
sie (Sg.)	she
sie (Pl.)	they
(sie) sind	(they) are
singen	sing
Socken	socks
Sommer	summer
Sonne	sun
sonnig	sunny
Sonntag	Sunday
Speise	food
Speiseeis	ice cream
Spiel	game
spielen	play
Spieler	player
Spielzeug	toy
Stern	star
Stift	pen
Strand	beach
Stuhl	chair

T t

Tag	day
Tasse	a cup of
Tee	tea
Teller	plate
Tier	animal
Tisch	table
traurig	sad
trinken, (Getränk)	drink
T-Shirt	T-shirt
tun	do
Tür	door

U u

übel	sick
unglücklich	unhappy
unser/e	our
unter	under
Unterrichts-stunde	class, lesson

V v

Valentinstag	Valentine's Day
Vater	father
verschneit	snowy
Vogel	bird

W w

wann	when
warm	warm
was	what
Wasser	water
wehtun	hurt
Weihnachten	Christmas
weiß	white
wer	who
Wetter	weather
wie	how
Wind	wind
windig	windy
Winter	winter
wir	we
wissen, (kennen)	know
wo	where
Wolke	cloud
wolkig	cloudy
Wort	word

Z z

Zahlen	numbers
zeichnen	draw
Zimmer	room
Zug	train
Zuhause	home

So kannst du auf Englisch ...

... jemanden begrüßen:

Good morning!	Guten Morgen!
Good afternoon!	Guten Tag!
Good evening!	Guten Abend!
Good night!	Gute Nacht!
Hello!	Hallo!
How are you?	Wie geht's?

... dich vorstellen:

My name is ...	Mein Name ist ...
I'm ... years old.	Ich bin ... Jahre alt.
I'm from	Ich komme aus ...

... dich verabschieden:

I have to go now.	Ich muss jetzt gehen.
Bye-bye! / Goodbye!	Tschüss! / Auf Wiedersehen!
See you tomorrow!	Bis morgen!
Have a nice weekend!	Schönes Wochenende!
All the best!	Alles Gute!

... sagen, wie es dir geht und wie du dich fühlst:

I'm fine, thanks.	Mir gehts gut, danke!
I'm happy/sad/tired.	Ich bin glücklich/traurig/müde.
My stomach hurts.	Ich habe Bauchschmerzen.
I'm hungry.	Ich habe Hunger.
I'm thirsty.	Ich habe Durst.

… sagen, was du magst oder nicht magst:

I like …	Ich mag …
I don't like …	Ich mag … nicht.
I hate …	Ich hasse …
My favourite food is …	Mein Lieblingsessen ist …
My favourite drink is …	Mein Lieblingsgetränk ist …
Do you like …?	Magst du …?

… dich bedanken:

Thank you./Thanks.	Danke.

(*Antwort:* You're welcome. Bitteschön./Gern geschehen.)

… um Entschuldigung bitten:

Sorry.	Entschuldigung.
I'm sorry.	Das tut mir leid.

… nach der Zeit oder dem Wochentag fragen:

What time is it, please?	Wie spät ist es, bitte?
What day is it today?	Welchen Wochentag haben wir heute?

… um etwas bitten oder jemanden auffordern, etwas zu tun:

please	bitte
Can I have a …, please?	Kann ich bitte ein/e/n … haben?
Can I borrow your …	Kann ich bitte dein/e/n … borgen?
Please, give me your …	Bitte gib mir dein/e/n …
Look at …!	Schau/Schaut mal … an!
I would like a …, please.	Ich hätte gern ein/e/n …, bitte.

… etwas über Familie und Freunde erzählen und erfragen:

I've got two sisters / brothers.	Ich habe zwei Schwestern/ Brüder.
What about you?	Und du?
How many brothers and sisters have you got?	Wie viele Geschwister hast du?
Who's this?	Wer ist das?
What's his/her name?	Wie heißt er/sie?
How old are you?	Wie alt bist du?
How old is he/she?	Wie alt ist er/sie?
This is my …	Dies ist mein …

… von deinem Tag erzählen:

I get up at … o'clock.	Ich stehe um … Uhr auf.
I go to school at … o'clock.	Ich gehe um … Uhr zur Schule.
In the afternoon, I do my homework.	Nachmittags mache ich Hausaufgaben.

… deine Gefühle ausdrücken:

Great!	Großartig!
Wow!	*(Ausruf der Bewunderung oder des Erstaunens)*
That's fun!	Das macht Spaß!
Oh dear!	Oh je!
I'm really annoyed!	Ich bin wütend/genervt!

... nach dem Preis einer Sache fragen:

How much is/are ...?   Was kostet/kosten ... ?

... über Hobbys sprechen:

I play ...   Ich spiele ...
I can .../can't ...   Ich kann .../
                              Ich kann nicht ...

Can you ...?   Kannst du ...?
What's your hobby?   Was ist dein Hobby?
I like ... best.   Ich mag ... am liebsten.
He's a ... player.   Er ist ...-Spieler.

... über Feiertage sprechen und Menschen beglückwünschen:

Happy birthday!   Herzlichen Glückwunsch
                              zum Geburtstag!

When is your birthday?   Wann hast du Geburtstag?
My birthday is in ...   Ich habe im ... Geburtstag.
Merry Christmas!   Frohe Weihnachten!
Happy Valentine!   Frohen Valentinstag!
Happy Easter!   Frohe Ostern!
Happy New Year!   Alles Gute zum neuen Jahr!

Fotonachweis

S. 6: Apfel © Fotolia LLC (Adrian Fortune), New York; Ameise (auch S. 132) © shutterstock (Karel Broz), New York, NY; Ball (auch S. 26/27) © MEV, Augsburg; Computer (auch S. 34/35 und S.146) © iStockphoto (RF),Calgary, Alberta; Cent © iStockphoto (Dirk Freder), Calgary, Alberta; Dose (auch S. 189) © iStockphoto (pederk), Calgary, Alberta; Ente (auch S. 24/25) © iStockphoto (RF), Calgary, Alberta; Esel (auch S. 158) © iStockphoto (Eric Isselée), Calgary, Alberta; Fahrrad (auch S. 34/35 und S. 159) © Puky GmbH & Co. KG, Wülfrath; Gabel (auch S.30/ 31) © Fotolia LLC (Martin Simonet), New York; Hose (auch S. 28/29) © Fotolia LLC (Alx), New York; Igel (auch S. 180) © shutterstock (ANP), New York, NY; Inliner (auch S. 181) © MEV, Augsburg; Jacke (auch S. 28/29) © Klett-Archiv, Stuttgart; Kuh (auch S. 24/25) © iStockphoto (RF), Calgary, Alberta; Löffel (auch S. 31) © Fotolia LLC (Marko Vesel), New York; Maus (auch S. 24/25) © Picture-Alliance (Mark Bowler), Frankfurt; Nashorn (auch S. 204) © shutterstock (Xavier MARCHANT), New York, NY; Ordner © Fotolia LLC (freshpix), New York; Ofen (auch S. 206) © pixelio media gmbh, München; S. 7 : Pinsel (auch S. 34/35) © iStockphoto (RF), Calgary, Alberta; Qualle (auch S. 212) © iStockphoto (Norbert Rehm), Calgary, Alberta; Roller (auch S. 34/35) © Fotolia LLC (Gilles Cohen), New York; Socken (auch S. 28/29) © iStockphoto (broker), New York; Tasse (auch S. 30/31) © Fotolia LLC (Nadejda Degtyareva), New York; Unterhose © iStockphoto (Clayton Hansen), Calgary, Alberta; Uhr (auch S. 18/19) © Fotolia LLC (RF), Calgary, Alberta; Vase © iStockphoto (Jakob Dam Knudsen), Calgary, Alberta; Vogel (auch S. 251) © Fotolia LLC (Brenda A. Smith), New York; Wippe (auch S. 27) © iStockphoto (RF), Calgary, Alberta; Xylofon (auch S. 259) © iStockphoto (Tamara Murray), Calgary, Alberta; Yak (auch S. 259) © iStockphoto (Vera Bogaerts), Calgary, Alberta; Zebra (auch S. 260) © iStockphoto (DaddyBit), Calgary, Alberta; S. 18/19: Lehrerin, Buch © Klett-Archiv,Stuttgart; Kreide © Fotolia LLC (Martin Garnham), New York; Schwamm © shutterstock (Teo Boon Keng Alvin), New York, NY; Buntstift © MEV, Augsburg; Tisch, Stuhl: Mit freundlicher Genehmigung der Firma .KOLICKY. www.schul-mobel.de; Tafel © Fotolia LLC (Howard Sandler), New York; S. 20/21: Familienfotos © Klett-Archiv/Andreas Klingebiel, Naumburg; S. 22/23: Ampel und Auto © iStockphoto (RF), Calgary, Alberta; Bus © Picture-Alliance (Patrick Lux), Frankfurt; Haus © Deepol, Wiesbaden; Kirche © Bilderberg (Ulf Boettcher), Hamburg; Kinoschild © Fotex (mm-images), Hamburg; Park © shutterstock (Elnur), New York, NY; Postschild © Siegfried Kuttig, Lüneburg; Straße © Klett-Archiv, Stuttgart; S. 24/25 Biene, Hund, Pferd © Stockphoto (RF), Calgary, Alberta; Huhn © Fotolia LLC (Guy Sagi), New York; Katze © Fotolia LLC (Holz Marketing), New York; Schwein (auch S. 226) © Fotolia LLC (Eric Isselée), New York; S. 26/27 Bank, Gras, Sand, Springseil © iStockphoto (RF), Calgary, Alberta; Eimer © shutterstock (Ugorenkov Aleksandr), New York, NY; Puppe © Fotolia LLC (Marti Timple), New York; Schaufel © Fotolia LLC (PASQ), New York; S. 28/29 Anorak, Hemd, Kleid © Klett-Archiv, Stuttgart; Mantel © Jahreszeiten Verlag (Boris Kumicak), Hamburg; Pulli © shutterstock (Beth Van Trees), New York, NY; Schal © shutterstock (Tyler Boyes), New York, NY; Brot © MEV, Augsburg; Käse © Fotolia LLC (Valentin Mosichev), New York; Messer © iStockphoto (Mathieu Viennet), Calgary, Alberta Spagetti © Fotolia LLC (Yong Hian Lim), New York; Teller © Ingram Publishing, Tattenhall Chester; Wurst © Fotolia LLC (Farmer), New York; S. 32/33 Bett © pixelio media gmbh, München; Arm, Bein, Kopf © Klett-Archiv, Stuttgart; Krankenhausschild © ullstein bild (Piel), Berlin; Arzt © Widmann, Peter (P. Widmann), Tutzing; Schere © iStockphoto (RF), Calgary, Alberta; Spritze © Ingram Publishing, Tattenhall Chester, Verband © Fotolia LLC (photosbystp), New York; Kinderzeichnung © Fotolia LLC (Noel Powell), New York; S. 34/35 Hamster, Pony © iStockphoto (RF), Calgary, Alberta; Kopfhörer © Fotolia LLC (Ryan Pike), New York; Rutsche © Fotolia LLC (photoGrapHie), New York; S. 36/37 Osterglocken © Fotolia LLC (Josef Muellek), New York; Baum © Fotolia LLC (Elena Elisseeva), New York; Blätter © MEV, Augsburg; Regentropfen © Fotolia LLC (Dan Collier), New York; Schlitten © Stockphoto (RF), Calgary, Alberta; Schneeflocke © Corbis (masterfile/Davey), Düsseldorf; Sonne © Fotolia LLC (lulu), New York; Wolke, Wind © Fotolia LLC (Peter Zwosch), New York; S. 132: Ananas © iStockphoto (Peter Mlekuz), Calgary, Alberta; S. 133: Anker © iStockphoto (Zavodskov Anatoliy Nikolaevich), New York, NY; Aquarium © Picture-Alliance (Bildagentur Huber/Giel), Frankfurt; S. 137: Bakterien © Okapia, Frankfurt;Barometer © MEV, Augsburg;S. 141: Bildschirm © Fotolia LLC (Sebastian Kaulitzki), New York; S. 144: Brennnessel © Okapia, Frankfurt; S. 145: Cello © shutterstock (Tan Wei Ming), New York, NY; S. 148: Denkmal © Fotolia LLC (mbfotos), New York; S. 150: Flugdrachen © Deuter, Wolfgang, Willich; S. 152: Eidechse © shutterstock (Mityukhin Oleg Petrovich), New York, NY; S. 154: Eishockeyspieler © iStockphoto (walik), Calgary, Alberta; S. 156: Erdnuss © shutterstock (Jovan Nikolic), New York, NY; S. 159: Euromünze © Europäische Zentralbank, Frankfurt; S. 161: Fernglas © iStockphoto (Jamaludin Abu Seman), Calgary, Alberta; Feuerwehr © Picture-Alliance (Jens Wolf), Frankfurt; S. 163: Fotoapparat © iStockphoto (majkel), Calgary, Alberta; S. 166: Gameboy © Klett-Archiv, Stuttgart; S. 167: Gehirn © iStockphoto (HooRoo Graphics), Calgary, Alberta; S. 171: Geweih © shutterstock (Jeff Banke), New York, NY; S. 172: Glocke © Fotolia LLC (Indigo Fish), New York; S. 174: Gummibärchen © Fotolia LLC (Togo), New York; S. 176: Handstand © shutterstock (Peter Hansen), New York, NY; S. 180: Hubschrauber © shutterstock (salamanderman), New York, NY; S. 184: Kaktus © shutterstock (Natthawat Wongrat), New York, NY; Karatekämpfer © iStockphoto (Jason Lugo), Calgary, Alberta; S. 186: Keyboard © MEV, Augsburg; S. 189: Kompass © shutterstock (Tischenko Irina), New York, NY; S. 190: Kralle © iStockphoto (Lori Skelton), Calgary, Alberta; S. 191: Krone © Fotosearch RF (PhotoDisc), Waukesha, WI; S. 192: Lakritzschnecke © Fotolia LLC (Gautier Willaume), New York; S. 195: Libelle © iStockphoto (Thomas Steinke), Calgary, Alberta; S. 196: Lutscher © pixelio media gmbh, München; S. 197: Mähdrescher © iStockphoto (Lloyd Paulson), Calgary, Alberta; S. 198: Marionette © Mauritius (Palmer), Mittenwald; S. 200: Mikroskop © shutterstock (Dragan Trifunovic), New York, NY; S. 202: Windmühle © iStockphoto (Jurga Rubinovaite), Calgary, Alberta; S. 207: Orgel © iStockphoto (Jarno Gonzalez Zarraonandia), Calgary, Alberta; S. 208: Muschel © shutterstock (Hannah Gleghorn), New York, NY; S. 209: Planet © iStockphoto (Kativ), Calgary, Alberta; S. 211: Overhead-Projektor © Avenue Images GmbH (getty/RF), Hamburg; Propeller © iStockphoto (Geoff Kuchera), Calgary, Alberta; S. 215: Reißverschluss © iStockphoto (Jerry McElroy), Calgary, Alberta; S. 217: Roboter © shutterstock (Morgan Lane Photography), New York, NY; S. 219: Säule © pixelio media gmbh, München; Scanner © Stockphoto (Slawomir Fajer), Calgary, Alberta; S. 221: Schimpanse © iStockphoto (Dimitri Fousekis), Calgary, Alberta; S. 224 : Schnorchel © shutterstock (Gert Johannes Jacobus Vrey), New York, NY; Schraube © iStockphoto (Diane Rutt), Calgary, Alberta; S. 229: Skateboard © iStockphoto (John Tomaselli), Calgary, Alberta; S. 231: Spinne © iStockphoto (arlindo71), Calgary, Alberta; S. 233: Stelzen © iStockphoto (Clayton Hansen), Calgary, Alberta; S. 234:Stoppuhr © iStockphoto (Matjaz Boncina), Calgary, Alberta; S. 235: Streichhölzer © iStockphoto (Luis Carlos Torres), Calgary, Alberta; S. 237:Tachometer © iStockphoto (Kokleong Tan), Calgary, Alberta; Tastatur © MEV, Augsburg; S. 239:Thermometer © iStockphoto (Nick Schlax), Calgary, Alberta; S. 240: Trampolin © Jahreszeiten Verlag, Hamburg; S. 243: U-Boot © Fotolia LLC (Frank Schöttke), New York; S. 245: Vanille © Fotolia LLC (Lucky Dragon), New York; Ventilator © iStockphoto (Greg Nicholas), Calgary, Alberta; S. 252: Wabe © iStockphoto (tokledesign), Calgary, Alberta; S. 254: Waschbär © Fotosearch RF (Digital Vision), Waukesha, WI; S. 256: Wiesel © iStockphoto (Lisa Vanovitch), Calgary, Alberta; S. 257: Wirbelsäule © shutterstock, New York, NY; S. 260: Zahnspange © Fotolia LLC, New York; S. 261: Zepter © ullstein bild, Berlin; Zirkel © iStockphoto, Calgary, Alberta;

Literaturempfehlung zu den Seiten 298-311:
Seidel, Wolfgang: Woher kommt das schwarze Schaf? Was hinter unseren Wörtern steckt. München: Deutscher Taschenbuchverlag 2006.